모두의_마을

이야기와 마을을 사랑하는
가천대학교 학생들의
마을콘텐츠제작기

모두의_마을

초판인쇄 2022년 3월 1일
초판발행 2022년 3월 1일

지은이 김경희 김한솔 송도훈 이상균 김준형 이은서 한예지 이서희
　　　　임세아 유다슬 최명경 연재동 이지우 주바다 지준혁
펴낸이 채종준

교정·편집·디자인 연재동 이지우 주바다 지준혁

펴낸곳 이담북스
주　소 경기도 파주시 회동길 230(문발동 513-5) 한국학술정보(주)
전　화 031-940-1111
팩　스 031-908-3189
홈페이지 http://ebook.kstudy.com
E-mail 출판사업부 publish@kstudy.com
출판신고 2003년 9월 25일 제406-2003-000012호

ISBN 979-11-6801-398-8 03330

표지 그림 〈www.rawpixel.com〉 일러스트 (id-2789512·id-2786710·id-2786257) 수정·사용

김경희
김한솔
송도훈
이상균
김준형
이은서
한예지
이서희
임세아
유다슬
최명경
연재동
이지우
주바다
지준혁

모두의 마을

이담북스

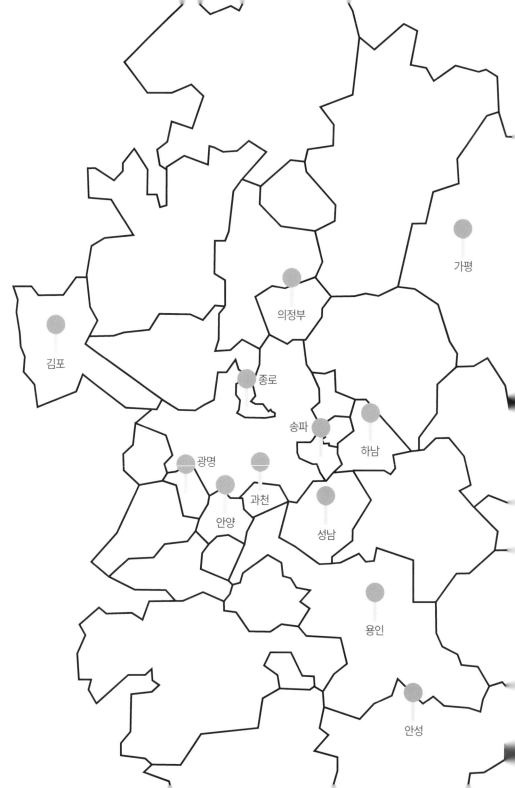

홍천

1. 이 책은 가천대학교 한국어문학과의 '고전과 문화콘텐츠' 수업시간을 통해 학생들이 직접 창작한 콘텐츠와 그 과정을 담고 있습니다.

2. 가천대학교 글로벌캠퍼스가 위치한 경기도 성남시에서 시작되는 '마을로의 여정'은 경기, 서울, 강원의 마을과 이야기들을 돌아보며,

2021년 8월부터 2022년 2월까지 약 6개월간 마을과 함께한 시간들이 고스란히 녹아있습니다.

여정의 시작

2021년 8월 개강은 상당히 암울했습니다. 2020년 1월 즈음 시작된 코로나19 팬데믹은 2021년까지 이어졌고, 지금까지 우리가 상상도 할 수 없는 상황을 만들어 오고 있습니다. 새 학기가 되면 어떤 학생들과 만나게 될까. 설레는 마음을 안고 강의실의 문을 열게 됩니다. 하지만, 새 학기가 시작되어도 강의실 문이 아닌, 컴퓨터를 켜고 온라인 속에서 출석을 불렀습니다. 화면을 켜야 한다, 켜지 않으면 결석이라고 으름장을 놓으면서 개강을 맞이하였습니다.

2020년 1학기 온라인 수업을 처음 시작할 때는 정말 답답했습니다. 벌써 온라인으로 네 번째 학기를 맞이하게 되니, 온라인 수업을 대하는 여러 가지 요령들도 터득하게 되었습니다. 하지만 예전처럼 활기차고 적극적으로 학생들을 수업에 참여하도록 하는 일은 너무나도 어렵습니다.

생각을 바꾸어, 각자의 공간에서 코로나19 팬데믹을 직시하고 이 상황을 견디는 방법이 무엇일까 고민하게 되었습니다. 이에 대한 대답은 '자신이 살고 있는 마을'을 천천히 들여다보는 것이었습니다. 여행을 마음대로 갈 수도 없었고, 친구들을 만날 수도 없었습니다. 하지만, 혼자 마스크를 쓰고, 문을 열고 나가서 마을을 어슬렁어슬렁 걸어볼 수는 있을 것 같았습니다.

가천대학교 한국어문학과 4학년 2학기 〈고전과 문화콘텐츠〉 수업은 캡스톤디자인 교과목입니다. 고전을 적극적으로 활용하여 현대에 사용할 수 있는 콘텐츠를 직접 제작하는 실습으로 이루어졌습니다. 이 수업의 목표는 고전 원문을 잘 해석하고, 이해하고, 자신만의 눈으로 다시 들여다보면서 우리의 삶과 연결시켜 보는 것입니다.

이번 학기에는 학생들과 함께 '왜 마을인가?'에 대한 탐색으로 출발했습니다. 우리는 주변의 환경이나 공간에 대해서 별 주목을 하지 않고 살아왔습니다. 하지만, 코로나19 팬데믹으로 자유롭게 이동할 수 없게 되면서 공간의 중요성을 인식하게 되었습니다. 마을의 지도를 직접 그리면서 마을의 역사적 배경, 명소, 축제, 박물관, 도서관, 시장 등 다양한 장소에 관심을 가지게 되었습니다.

고전문학의 숲에서 우리의 마을과 연결시킬 수 있는 고전문학 작품을 찾아 헤맸습니다. 그 가운데 '지역 전설'에 큰 비중을 두고 각 지역의 이야기들을 읽었습니다. 우리 마을, 지역 문화 그리고 고전문학 작품을 연결한 콘텐츠를 만들어 공모전에 제출했습니다.

삶터가 일터가 되는 로컬을 고민하는 지역 문화 플랫폼, 지역 정체성을 살리는 선순환 생활문화, 마을 미디어 등 지역 문화를 형성하고 있는 다양한 시선들을 살펴볼 수 있게 되었습니다. 학생들은 이 과정에서 고전문학 작품 속의 공간과 인물들을 만나고, 현실의 마을공간을 탐방하면서 코로나19 팬데믹 상황에서 조금의 여유와 작은 즐거움을 찾을 수 있게 되었습니다.

천천히 걸어보고 생각해 보는 시간이 찾아왔습니다. 코로나19 팬데믹이 없었다면 마을을 들여다볼 짬이 없었을지도 모릅니다. 코로나19 팬데믹은 우리의 삶을, 우리의 공간을, 우리의 생각을 많이 바꾸었습니다. 사람들은 공간이동과 폐쇄가 지속 되면서 지쳐갔고 자연스럽게 공간을 어떻게 바라보고 이해하며 활용해야 하는가 고민하게 되었습니다.

네 번째 학기도 컴퓨터 속에서 학생들과 마주했습니다. 중간고사 이후부터는 대면과 비대면 수업을 병행하면서 매번 마음을 졸였습니다. 학교에서 학생들을 만나는 일이 얼마나 행복한 일이었는지 알게 되었습니다. 일상적으로 해 온 일들의 소중함을 느끼게 되었습니다.

학생들은 대면과 비대면을 오고 가면서 하나의 결과물을 완성하기 위해 노력했습니다. 이 과정에서 우리들의 생각과 감정도 깊어졌습니다. 어찌 보면, 고전문학을 배우는 것은 우리가 살지 않았던 세계를 상상하고 그려보는 것입니다. 코로나19 팬데믹으로 직접 체험하고 경험하지 못한 것들을 생각하면서 고전문학과 조금 가까워진 것도 같습니다.

이 책은 〈고전과 문화콘텐츠〉 수업에 참여한 학생들의 한 학기 동안의 여정을 담고 있습니다. 고전문학 작품을 찾아 읽고, 마을을 탐색하고, 우리 마을과 연결시킬 수 있는 고전문학 작품을 찾고, 콘텐츠로 개발하는 과정이 수록되어 있습니다. 수강생 모두에게 감사의 마음을 전합니다. 특별히, 꼼꼼하게 교정을 보고 전체적인 틀을 편집한 연재동·이지우·주바다와 책표지와 디자인을 맡은 지준혁에게 고마운 마음을 전합니다. 연재동·이지우·주바다·지준혁이 내용을 정리하고 다시 보는 작업이 없었다면 이 책은 나올 수 없었을 것입니다. 12월에 종강을 하고, 우리는 이 책을 만들면서 겨울을 보내고 코로나19 팬데믹을 견디어 왔습니다. 그리고 책을 마무리하게 되니, 2022년 3월 개강이 다가오고 있습니다.

2022년 1학기, 우리는 어떻게 볼 수 있을까요? 혹여 온라인에서 만날 수밖에 없는 상황이 오더라도, 때에 맞게 우리의 할 일을 하면 좋겠습니다. 우리는 코로나19 팬데믹과 이렇게 지내왔다고 이야기할 수 있는 시간이 빨리 왔으면 합니다. 이 자리를 통해서 학생들이 한 학기 동안 치열하게 고민했던 과정들을 펼쳐 보이려고 합니다. 부족한 점도 많지만, 저희가 한 학기 동안 준비한 이야기들과 함께 마을을 걸어보고, 느끼면서 여러분이 살고 있는 마을도 한 번 둘러보았으면 합니다. 모두의 마을에서 평안하길 기원합니다.

2022년을 맞이하며 김경희

차례

이상균   개발과 전통 사이, 경기도 성남시 백현동

한예지   용인으로 놀러 오세용

연재동   환영합니다. '문화 예술의 도시, 안성시'입니다.

첫째 마당

경기 중부

개발과 전통 사이, 경기도 성남시 백현동

—

이상균

내가 사는 마을은 경기도 성남시 백현동이다. 성남은 굉장히 급격하고 빠른 발전을 이룬 도시인데 그로 인해 많은 전통과 문화가 잊혀가기도 했다. 그러나 최근엔 이러한 과거의 문화와 상생할 수 있는 방향으로 도시가 개발되고 있는 추세이다.

백현동의 명칭은 재넘어 마을 뒷고개 마루터기에 큰 잣나무가 있어 그 고개를 잣고개-재너머-백현이라 했는데, 마을이 고개 밑이므로 후에 마을의 명칭이 되었고 1973년 동제가 되면서 동명으로 되었다. 수십 년이 지난 현재까지도 그 나무는 잘 보존되고 있는데, 마을 주민들의 쉼터가 되어주고 있다. 옛날 이 나무 밑에서 소를 잡아 고기를 나

누어 먹은 사람들이 모두 배탈이 난
뒤로 신목에 불결한 것을 보인 탓이라
여겨 이후로는 이 나무 근처에서 짐승
을 도축하지 않았다고 전한다.

　마을 가장 가까이에서 마을을 가로지르는 탄천이라는 큰 하천이 있
다. 어릴 때부터 가족들과 산책을 나가면 줄곧 이곳으로 가기도 하였
고, 가슴이 답답하거나 울적할 때 밤의 야경이 펼쳐진 탄천을 걷기도
하였다. 집으로 가는 길에도 탄천 위의 다리를 항상 거쳐서 갔다. 그
만큼 마을에 사는 많은 사람과 함께 해 준 곳이 바로 탄천이다. 과거,
가난한 자들이 탄천을 중심으로 모여 여러 마을이 형성됐는데 백현동
역시 그중 하나이며, 그렇기에 마을의 전설과 역사를 소개하며 탄천의
역사를 빼놓을 수 없다.

　탄천에 얽힌 재미있는 전설이 있는데, 많은 사람들이 '삼천갑자 동방삭
(三千甲子東方朔)'에 대해서 들어보았을 것이다. 이 동방삭에 관한 설화가
얽혀있는 곳이 탄천이다.

너무 오래 산 나머지 이승에서도 저승에서도 골칫덩이가 돼버린 동방
삭을 잡기 위해, 옥황상제가 사자를 보낸다. 사자는 동방삭을 잡기 위한
묘책으로 흐르는 강에 숯을 씻기 시작한다. 마침 지나가던 동방삭이 이
광경을 목격하고 숯을 왜 흐르는 물에 씻느냐 묻자, 사자는 숯이 너무
검어서 희게 하는 중이라고 답한다. 동방삭이 이 말을 듣더니 "내가 삼
천갑자를 살았지만, 숯을 씻어 희게 되는 것을 보지 못했다"라며 크게
웃었다. 바로 이 '삼천갑자'라는 말 때문에 동방삭임을 알아차린 사자는
그 길로 동방삭을 끌고 저승으로 데려간다. 그리하여 동방삭은 끌려가고
'숯내'라는 묘한 지명만이 남게 되었다.

사실 탄천은 얼마 전까지 이름 그대로 '검은 하천'이라는 오명을 쓰
고 있었다. 1990년대부터 시작된 용인 지역의 난개발로 인해 많은 생
활하수와 폐수 등이 유입되었기 때문이다. 이로 인해 동식물이 살 수
없을 정도로 매우 심각하게 오염되었다가, 최근 생태하천 복원사업 등
을 거치며 주변 경관을 비롯한 수질이 많이 개선된 상태이고 깨끗한
환경이 조성되어 자연 속에서 산책을 하거나 가족, 친구끼리 나들이를
나오기에 더할 나위 없이 좋은 곳이다.

경기 중부 · 성남 | 이상균

성남 중앙공설시장, 50년의 삶이 녹아있는 곳

'마을'에 대해서 생각나는 많은 이미지가 있지만 가장 먼저 떠오른 것은 시끌벅적한 시장의 모습이었다. 대형마트와 편의점의 발달로 인해서 우리의 삶은 편해졌으나, 여전히 전통시장은 지역주민들의 문화와 정서가 반영된 장소라는 것을 부정할 수 없다. 특히 성남 중앙공설시장은 성남시 3대 시장 중 하나이며 1970년 성남시가 형성되면서부터 생긴 50년 역사를 가진 시장이다. 성남 중앙공설시장에는 가슴 아픈 역사가 있는데, 시설 노후화로 인해 화재가 두 번이나 연달아 발생하여 많은 점포가 소실됐다. 하지만 상인들은 여기서 포기하지 않고, 힘을 합쳐 재건축하기로 결정하였다. 이내 2021년 2월 대형마트와 비교해도 손색이 없는 대규모의 실내형 매장으로 탈바꿈하였다.

최근 'MZ세대'라 불리는 신세대는 전통시장에 대한 편견으로 거부감을 가지고 있는데, 성남 중앙공설시장은 깔끔한 실내형 매장이고 쾌적한 주차 공간 등 기존의 전통시장에 대한 이미지와는 상반되는 여러 이점이 있다. 이러한 점에 입각해 시장이 많은 사람들에게 홍보됐으면 하는 마음에 〈우리동네 전통시장, 작은가게 이용하기 홍보 UCC 공모전〉에 참가해 영상 콘텐츠를 만들었다.

공모전 소개

공모전 이름: 우리동네 전통시장, 작은가게 이용하기 홍보 UCC 공모전

참가대상: 누구나, 개인 또는 팀

공모주제: "지역 연대의 힘으로 코로나-19 경제위기 극복하자!"

공모형식: 광고, 애니메이션, 브이로그, 뮤직비디오 등 제한 없음.

작품규격: 1분 이상 3분 이내(해상도 1920×1080pixel 이상), 용량 1GB 이내, 1인(팀) 당 2편 이내 접수 가능

경기 중부 · 성남 | 이상균

고전을 활용한 마을콘텐츠 제작과정

공모전 출품 영상 제작

작품명: 은혜갚은 두꺼비의 모험

영상 길이: 2분 23초

영상 한 줄 소개: 성남시 전설 「은혜 갚은 두꺼비」의 내용을 변형해 두꺼비가 소녀를 구하기 위해 시장을 모험하는 게임 형식으로 제작한 컨셉의 영상으로 QR코드를 통해 감상 가능하다.

작품설명: 어느 마을에 소녀가 한 명 살고 있었다. 하루는 소녀가 식사를 준비 중이었는데 배고픈 두꺼비 한 마리가 애처롭게 쳐다보고 있었다. 소녀는 두꺼비의 밥을 챙겨주었고 그렇게 일 년이 지나자 두꺼비도 크게 자랐다. 그러나 어느 날, 소녀가 마을의 큰 골칫거리인 지네에게 잡혀갔다. 두꺼비는 은혜를 갚고자 소녀를 구하기 위해서 모험을 떠난다. 하지만 지금 두꺼비의 힘으로는 지네로부터 소녀를 구하기엔 턱없이 부족했다. 두꺼비는 성남 중앙공설시장에 있는 삶의 지혜를 터득한 장로님들을 만나 그들의 조언을 얻어 지네에 대적할 수 있는 힘을 길러 소녀를 구출하러 간다. 과연 두꺼비는 지네로부터 소녀를 구할 수 있을까?

제작 과정

1) 공모전 영상 기획
공모 형식은 전통시장 홍보라는 광고의 목적이 있기 때문에 시청자로 하여금 지루하게 느껴지지 않게 하기 위해서 재미있는 스토리를 갖춘 드라마 형식의 영상으로 제작하기로 결정했다.
고전을 활용한 색다르면서도 시청자에게 친숙한 스토리를 구상하기 위해 소재로 성남시에서 전해 내려오는 유명한 전설인 〈은혜 갚은 두꺼비〉의 이야기를 차용했다.

〈은혜 갚은 두꺼비〉
지금의 성남시 분당동 건너편에는 야트막한 산이 있는데, 이 산의 이름이 두꺼비능산이다. 이곳에 얽힌 이야기를 소개하면 다음과 같다.
옛날 이 마을에 아주 마음씨가 착한 처녀가 살고 있었다.
...(중략)...
한참 동안 빛을 뿜어내던 괴물도 두꺼비의 강한 빛에 못 이겨 그만 떨어져 죽고 말았다. 알고 보니 그 이상한 괴물은 천년을 이 집에서 묵은 지네였다. 결국, 두꺼비의 힘으로 지네는 죽게 되었고 처녀는 살 수 있게 되었다.
그러나 두꺼비에게 고맙다는 인사말을 하기도 전에 너무나 많은 힘을 내뿜은 두꺼비는 그만 죽고 말았다. 자기에게 친절을 베풀었던 처녀에 대한 은혜를 죽음으로 갚은 것이다. 이러한 이야기가 온 동네에 퍼져 마을 사람들은 두꺼비의 시신을 앞산에 묻어 주고 제사를 지내 주었으며, 그때부터 이 산의 이름이 〈두껍능산〉이라고 불리게 되었다.

경기 중부 · 성남 | 이상균

〈은혜 갚은 두꺼비〉라는 이미 많은 사람들에게 익숙한 고전을 활용하면 시청자가 공감하는 데 효과적이라고 생각했다. 특히, 강력한 빛(불)을 뿜는 지네에 저항하여 처녀를 지킨 두꺼비의 모습은, 불의의 화재로 삶의 터전을 잃었음에도 다시 일어나 시장을 재건한 상인들의 모습과 겹쳐 보였다. 단순히 옛이야기를 그대로 사용하는 것이 아니라 재해석하고 과거의 고전게임을 하는 느낌으로 영상 컨셉을 기획하였다.

2) 공모전 영상 촬영

본격적인 영상 촬영에 앞서, 원활한 촬영을 위해 성남 중앙공설시장 상인회에 연락해 공모전 참여 계획에 대해서 알리고 사전에 촬영에 대한 양해와 조언을 구했다. 성남 중앙공설시장에는 고객지원실을 갖추고 있었다. 이곳에서 촬영 당일 시장에 대한 이야기나, 홍보를 위한 점포 추천을 받을 수 있어 영상 촬영에 큰 도움을 받을 수 있었다.

코로나-19에 대한 방역 수칙을 철저하게 지키며 아이폰 13 pro를 활용해서 시장의 전경과 추천을 받은 '자매전집'의 모습들을 영상 및 사진으로 촬영하였다.

3) 공모전 영상 편집

영상에 사용할 각종 소스와 인물들의 이미지를 고전 게임의 그래픽으로 그리기 위해서 어도비(Adobe)의 '포토샵 2020'(Photoshop 2020)을 사용하였다. 등장인물들을 도트 그래픽(픽셀)의 이미지로 표현하고 시장에서 흔히 볼 수 있는 반찬 가게나 의류 점포의 음식이나 사물을 형상화한 캐릭터로 귀여움을 강조하였다.

영상 제작을 위해서 프로그램은 전반에 걸쳐 어도비의 '프리미어 프로 2021'(Premiere Pro 2021)을 사용했다. 영상은 스토리가 전개되는 애니메이션과 시장을 소개하는 실사 영상이 번갈아가며 등장하는 구조로 편집하였다. 게임적 요소를 가미하기 위해 등장인물들이 고전 게임에서 등장할 법한 대화창을 활용하여 서로 대화하는 듯한 연출을 하였다. 대화 속에서 주인공이 대화를 선택하거나, 퀴즈를 맞히는 등의 게임적 연출도 포함하였다. 또한, 게임처럼 실제로 움직이는 캐릭터를 구현하기 위해서 어도비의 '애프터 이펙트 2021'(After Effects 2021)의 모션 그래픽 기능을 이용해 캐릭터의 이미지에 뼈대를 생성하고 각 뼈대 별로 시간별 움직임을 주어 대화를 하거나 걸어 다니는 등 애니메이션 효과를 구현하였다.

▲ 공모전 제출 영상 일부

영상에 사용되는 소스들과 배경음악은 저작권 침해에 대한 문제를

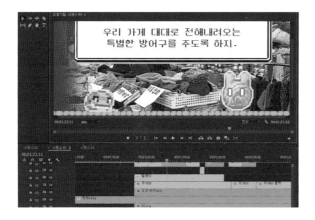

사전에 방지하고자 '유튜브 스튜디오'의 '오디오 보관함'에서 무료로 사용할 수 있는 소스들을 활용하였다. 영상에 사용한 폰트는 상업적 이용이 허가된 폰트만을 사용하였다. (둥근모체, 에스코어 드림체)

콘텐츠를 제작하며 활용한 모든 자료의 출처

1) 백현동
   행정복지센터_https://www.bundang-gu.go.kr:10009/dong/default/mobile
   /sub/content.asp?cIdx=702&dong=dong21
: 백현동 느티나무 정보와 사진

2) 디지털성남문화대전_
http://seongnam.grandculture.net/seongnam/toc/GC0010083
: 탄천 정보와 사진

3) 성남시근로자종합복지관_
   http://www.sngb.or.kr/nosa_bbs/board.php?bo_table=nosa_notice&wr_
   id=21
: 공모전 포스터

4) 네이버 지도_https://map.naver.com
: 마을 위치 사진

참고문헌

윤종준, 『성남 옛 이야기』, 성남문화원, 2010. 11. 30.

저자 소개

"전국의 아름다운 곳을 찾아 떠나기를 좋아하는 이상균입니다."

1996.08.24.
한국어문학과 (부전공: 경영학과)
leesk1996@naver.com

　강의를 통해서 많은 공모전이 있다는 것을 알게 되었고, 실제로 활동을 해보면서 처음으로 영상 편집에 도전해보는 등 많은 것들을 배울 수 있었던 것 같습니다. 어느 때보다 활발한 한류 열풍을 보면서 우리도 얼마든지 고전을 활용하여 훌륭한 콘텐츠를 만들 수 있다는 생각이 들었습니다. 이번 강의를 계기로 앞으로도 많은 공모전에 참여해 보겠습니다. 우리 고전에 더 관심을 가지고 새로운 모습으로 변용할 수 있을지 고민하고자 합니다. 콘텐츠를 제작하는데 많은 힌트와 아낌없는 피드백을 주셨던 교수님께 감사드립니다. 함께 공모전 아이디어를 고민했던 학우분들도 감사합니다.

용인으로 놀러 오세용

–

한예지

내가 사는 마을은 경기도 용인이다. '용인'하면 에버랜드를 떠올리는 분들이 많다. 나도 에버라인을 타고 바깥 풍경을 보면서 들떴던 기억이 있다. 그러나 용인에는 에버랜드 말고도 가볼 만한 곳이 많다.

용인에는 한국민속촌, 용인자연휴양림, 캐리비안베이, 용인농촌테마파크, 한택식물원, 경기도박물관 등이 있다. 이 중에서도 유명한 한국민속촌은 한복을 입고 전통 가옥을 풍경으로 예쁜 사진을 찍을 수 있다. 또 각종 민속놀이도 체험해 볼 수 있어 한 번쯤 가볼 만한 곳으로 추천한다. 보통 어릴 때 가본 적이 있겠지만 성인이 되어서도 새로운 추억을 쌓을 수 있다.

용인자연휴양림이나 용인농촌테마파크, 한택식물원은 도시에서의 바쁜 삶에 지칠 때 가면 좋은 곳이다. 용인자연휴양림은 수려한 자연경

관에 숙박시설과 산책로, 어린이 놀이터 등을 갖춘 체류형 휴식처다. 용인농촌테마파크에는 농촌의 향수를 느낄 수 있는 들꽃 광장, 무궁화 원 등과 건강지압로, 잣나무 숲 산책로, 암석원 등이 있다. 과거, 현재, 미래의 농업을 볼 수 있는 농경문화전시관, 옛 농기구 체험을 할 수 있는 상설체험장, 곤충체험관, 관상 동물농장도 있다. 도시 생활로 얻은 피로를 자연에서 여유롭게 풀고 싶다면 강력히 추천한다.

용인에는 유적과 문화재도 많이 있다. 나는 용인이 지리적으로 중요한 곳으로 신석기시대부터 조선 시대까지 역사적으로 의미가 깊은 곳인지 몰랐었다. 나와 같은 분들을 위해 몇 곳만 소개해 보겠다.

우선 대표적으로 정몽주 선생 묘가 있다. 정몽주 선생은 잘 알려져 있듯이 고려 말기의 충신이다. 끝까지 고려 왕실을 지키려다가 이방원이 보낸 자객에게 선죽교에서 피살되었다. 정몽주 선생의 묘가 용인에 있었다니 놀랍다.

처인성 또한 대표적인 용인의 유적이다. 용인시 남사읍 아곡리에 있다. 신라 말에서 고려 초에 축성된 것으로 추정된다. 처인성은 몽골군의 2차 침입 시 승전지이다. 1232년에 처인성을 공격한 몽골군을 김윤후 장군이 활을 쏘아 살례탑을 죽이고 승리했다.

용인 할미산성은 용인시 기흥구 동백동과 포곡읍 가실리, 마성리의 경계에 있다. 성내에서는 적을 방어하기 위해 세웠던 망루와 집수시설, 병사들의 숙소로 사용된 수혈 건물지와 다수의 저장시설이 확인되었다. 특히 산성의 위계를 보여주는 장방형 건물지 3기와 8각 초석 건물지가 발견되었다. 할미산성은 출토되는 유물과 축성법의 특징으로 볼 때 신라가 쌓은 성이다. 신라는 553년, 고구려를 몰아내고 백제가 다시 차지했던 경기도지역 일대를 장악했다. 할미산성은 신라의 이러한 한강 유역 진출 과정을 입증하는 중요한 유적이다.

용인 할미산성

용인할미성대동굿의 배경인 할미산성에 대한 구비 설화

  옛날 마귀 같은 능력을 가진 마고 할머니, 마고 할아버지, 아들, 딸 네 식구가 살고 있었다. 그들이 살고 있던 마을에 아홉 해째 가뭄이 들어 네 식구는 물론이고, 온 마을의 사람들이 아사지경에 이르렀다. 제물로 희생될 사람을 가르기 위한 여러 의논 끝에 할 수 없이 아들과 딸이 힘겨루기 내기를 하도록 하여 지는 사람이 제물이 되기로 약속하였다. 힘겨루기 내기를 위해 아들은 하룻밤 안에 남쪽 성인 마성을 쌓기로 하고 딸은 나막신을 신고 한양에 다녀오기로 약속한다. 이 과정 속에서 마고 할아버지는 잣고개에 서서 아들이 성을 쌓는 곳을 바라보고 딸이 돌아오는 한양 쪽을 바라보며 흙을 한 줌씩 쥐었다 놓은 것이 현재 석성산의 아흔 아홉 봉우리가 되었다고 전해지고 있다.
  결국 아들은 날이 밝도록 미처 성을 쌓지 못하였고 딸은 한양에서 돌아오고 말았다. 할 수 없이 아들은 제물이 되어 희생당했고, 그 후 천둥번개와 함께 비가 내려 아홉 해 가뭄이 해소되었다. 하루는 마고 할머니가 난리가 나는 꿈을 꾸게 되어 마을 사람들을 불러 모아 앞으로 일어날 난리에 성을 쌓아 대비하자고 호소하였으나 그들은 듣지 않았다. 할머니 혼자 성을 쌓기 위해 앞치마로 여기저기 돌을 모아 간신히 하룻밤 만에 성을 쌓게 되었다. 얼마 후 정말 난리가 일어나게 되었으나 할머니 덕에 성을 미리 쌓아 놓은 마을은 피해 없이 무사히 난리를 피해 평화를 찾았고, 마을 사람들은 다시 화합하여 태평성대를 누렸다고 한다.

  후일 마고 할머니와 마고 할아버지는 석성산의 산신이 되었고, 아들은 군웅신이라 받들어졌으며, 딸은 말명신이 되었다고 한다. 마을 사람들은 이때부터 자식을 죽여 가면서 가뭄을 해소했던 마고 할머니를 수호신으로 받들었다.

할미산성은 적을 막기 위한 산성일 뿐 아니라, 창세신화를 가진 제의적 장소로서도 의미가 깊다. 8각형 건물지로 보아 할미산성은 천신에 제사를 올렸던 의례적 장소로 활용되었을 것으로 밝혀졌다. 한편, 용인의 할미산성을 배경으로 하고 용인시 지역에 전래하여 온 '용인할미성대동굿'이 있다. 마고할미 전설이 전해지고, 용인할미성대동굿으로 이어져 내려오는 근간이 되는 곳이 바로 할미산성이다. 그만큼 더 알려져야 하고 많은 연구가 필요하다. 현재 할미산성은 산을 다니는 분들은 아시겠지만, 전국적으로 알려지지는 않았다. 따라서 할미산성, 마고할미 전설과 같은 지역의 유적 및 설화를 널리 알릴 수 있으면 좋겠다고 생각하여 〈내가 만드는 우리동네-콘텐츠 기획안 공모전〉에 참가했다. 그중 '지역 명소, 음식, 인물을 소재로 한 일반 프로그램' 부문을 선택했다.

공모전 이름: 내가 만드는 우리동네-콘텐츠 기획안 공모전
참가대상: 대한민국 국민 누구나
공모주제: 지역 명소, 음식, 인물을 소재로 한 일반 프로그램
         /지역성을 고려한 참신하고 독창적인 프로그램
         /교양, 오락, 다큐 등 다양한 장르의 프로그램
공모형식: 기획안(PPT 자유양식)

고전을 활용한 마을콘텐츠 제작과정

기획서

● 프로그램명

설화 탐사대

● 제작 방식

예능

● 방송 분량

20부작

● 출연자

구비문학 전문가(고정 출연), 개그맨, 배우, 가수 등

● 기획 의도

실화 탐사대에서 모티프를 얻었다. 매 회차 출연자들이 구비문학 전문가와 함께 지역 문화재나 유적을 배우고 그곳에 전해 내려오는 설화에 대해 알게 되는 과정을 흥미롭게 보여줌으로써 시청자에게 다양한 지역 설화에 대한 관심을 유발한다.

● 구성 형식

1. 구비문학 전문가를 포함한 출연자들과 게스트들은 스튜디오에서 영상을 본다. 먼저 지역 문화재에 대해 알아가게 되는데, 출연자들이 미리 설화의 배경이 되는 곳 또는 유적을 탐방하고 이 과정을 촬영한 편집본을 스튜디오에서 함께 보며 게스트들에게 소개한다.

2. 다음으로 설화 소개 영상을 본다. 고정 출연자인 구비문학 전문가를 포함한 출연자들이 해당 유적이나 문화재와 관련되어 전해 내려오는 설화의 내용에 맞게 각각 역할을 맡고, 작성된 대본을 바탕으로 연기하여 하나의 단편극을 미리 만든다. 이 편집본을 스튜디오에서 유적 소개 영상 다음으로 보며 리액션을 따서 편집하여 방송에 활용한다. 중간중간 구비문학 전문가의 설명도 들어간다.

3. 마지막으로, 출연자들과 게스트들에게 설화와 관련된 미션이 주어지는데, 이를 성공적으로 수행해야 한다. 미션은 소개된 설화의 내용 중 등장인물, 주요 사건 등에서 파생된 것이다. 성공할 경우 지역 맛집에서 공수해 온 음식이 제공되며, 실패하면 김밥으로 끼니를 때워야 한다.

● 세부 내용

예시: 〈1화 - 용인 할미산성〉
출연자들은 석성산을 등반하여 정상에 있는 할미산성에 도착한다. 단체 사진을 찍고 유적 또는 문화재를 둘러본다. 이 과정을 촬영한 영상을 스튜디오에서 게스트들과 함께 본다. 이어서 볼 영상은 설화 소

개 영상이다. 출연자들은 할미산성과 얽혀 있는 '마고할미 전설'의 내용을 연기했고 이것을 미리 촬영해 두었다. 이 편집본을 게스트들과 함께 시청하며 이에 대해 구비문학 전문가가 간단한 멘트를 덧붙이며 추가 설명을 한다. 마지막으로 출연자들과 게스트들은 미션을 수행해야 한다. 설화 속 마고할머니가 앞치마로 돌을 날라 성을 쌓고 난리를 피한 것과 연계하여, '앞치마로 돌을 모아 지정된 장소에 돌탑 쌓기' 미션을 수행한다. 성공하면 용인 지역 맛집에서 공수한 맛있는 음식을 제공받고, 실패하면 김밥만 받으며 마무리된다.

콘텐츠를 제작하며 활용한 모든 자료의 출처

1) 수지구청 홈페이지_https://www.sujigu.go.kr/lmth/04life010108.asp
: 수지구의 유적과 문화재 정보

2) 용인시청 홈페이지_https://www.yongin.go.kr/tour/trrsrt/BD_selectTrrsrt
MngList.do?q_cd=3002
: 용인시의 유적과 문화재 정보

3) 문화재청 국가문화유산포털_https://www.heritage.go.kr/heri/idx/index.do
: 용인시의 유적과 문화재 정보

4) 네이버 한국민족문화대백과 _https://terms.naver.com/entry.naver?docId=5
69400&cid=46618&categoryId=46618
: 용인시 역사 정보

5) 네이버 지도_https://map.naver.com
: 용인시 지도

6) 네이버_https://www.naver.com/
: 용인 가볼 만한 곳 정보

7) 네이버 지식백과_https://terms.naver.com/entry.naver?docId=1999031&ci
d=42856&categoryId=42856
: 용인자연휴양림 정보

8) 네이버 지식백과_https://terms.naver.com/entry.naver?docId=2030890&ci
d=42856&categoryId=42856
: 용인농촌테마파크 정보

9) 씽굿 홈페이지_https://www.thinkcontest.com/
: 공모전 정보와 모집 공고 이미지 파일

10) 예스폼
: 기획서 양식

11) 할미산성 사진
: 필자가 직접 찍음

참고문헌

장재천, 「용인 서부지역 구비전승에 나타난 효설화 분석」, 『청소년과 효문화』 19, 한국청소년효문화학회, 2003.

장지우, 「용인할미성대동굿 월도창검무의 춤에 관한 고찰」, 중앙대학교 석사학위논문, 2017.

저자 소개

"용감한 수호자 유형 ISFJ,
평화를 사랑하는 한예지입니다."

1999.06.18
한국어문학과
koreahanyj@naver.com

　수업을 하면서 제가 사는 지역에 남아 있는 유적과 명소를 알게 되었고 이곳들과 관련되어 전해 내려오는 설화에 대해서도 조사해 보는 기회를 가질 수 있었습니다. 이를 토대로 공모전에도 참가해볼 수 있어 좋은 경험이었습니다. 제가 사는 지역 외에 다른 학우분들의 지역 특성과 관련된 설화도 다양하게 알게 되어 흥미로웠습니다. 공모전 준비 과정에서 적극적으로 피드백 주신 교수님과 학우분들께 감사드리며 책 집필이라는 값진 결과물로 마무리할 수 있게 되어 뜻깊은 수업이었습니다.

환영합니다. '문화 예술의 도시, 안성시'입니다.

—

연재동

 '안성맞춤'이라는 말, 들어보신 적 있나요? 요구하거나 생각한 대로 잘된 물건을 비유적으로 이르는 명사로 경기도 안성에 유기를 주문하여 만든 것처럼 잘 들어맞는다는 데서 유래한 말입니다. 그만큼 과거부터 문화와 예술의 뿌리 깊은 역사가 살아 숨 쉬는 고장이 바로 안성이었다는 사실을 확인할 수 있는 전례입니다.

City of Masters
안성맞춤도시 안성

안성시의 심볼마크는 안성의 비전인 '장인의 혼이 살아있는 세계적인 예술도시'를 표현하기 위하여 안성맞춤 유기장들, 바우덕이 혼을 상징하는 태극과 세계적인 예술문화의 관문이 된다는 의미에서 전통대문을 형상화하였습니다. 시각적 두 요소가 좌우로 교차하여 융화되는 형태는 동양적인 것과 서양적인 것의 조화를 의미하며, 과거의 안성과 미래 안성의 조화, 나아가서 첨단기술과 문화의 조화를 의미하기도 합니다.

현재까지도 이어져 내려오는 유명한 소설 중 허생전, 장길산, 임꺽정 등의 무대가 안성이었다는 것은 특별한 의미를 지니고 있다고 볼 수 있습니다. 특히나 연암 박지원은 허생전에서 안성을 "경상, 전라, 충청 남의 물화가 모여 서울로 이송되는 길목"이라 하였고 이중환의 택리지에서도 "안성은 경기도와 호서 지방 해협 사이에 위치하여 화물이 수용되고 공인과 상인이 모여들어 서울 이남의 도회가 되었다"라고 기록하여 당시 안성이 교통의 요지이자 물류 집산지임을 확인할 수 있습니다.

실제로 안성은 과거에 대구, 전주와 함께 3대 상업 도시로 손꼽히기도 했습니다. 당시 안성은 대도시 부럽지 않은 번화한 도시로 특히 매월 2일과 7일 단위로 열리는 5일 장이 조선 3대 시장에 속했을 정도로 상당히 유명한 지역이었습니다.

일제강점기에 안성은 전국 3대 실력 항쟁지이기도 하였습니다. 안성의 3·1운동은 일제의 통치기관에 대한 파괴와 방화 등 적극적인 시위 항쟁이었고, 1919년 3월 11일부터 4월 3일까지 약 6,000여 명 이상의 규모로 전 지역에서 전개되었습니다.

이러한 역사를 거쳐오며 안성은 현재, 다양한 즐길 거리가 가득하고 문화생활을 하기에 좋은 도시로 성장하게 되었습니다. 불교 문화가 매우 발달한 안성은 칠장사와 석남사를 필두로 다양한 문화유산을 보유하고 있기도 하고 한국 문예사에 한 획을 그은 박두진, 조병화의 문학이 꽃피고 있기도 하며 바우덕이와 남사당패의 경쾌한 리듬이 곳곳에 퍼져있는 아름다운 도시입니다.

이뿐만 아니라 안성 팜랜드, 안성맞춤 랜드 (바우덕이 축제 장소), 안성맞춤 천문과학관, 미리내성지, 안성 허브마을, 3·1운동 기념관 등 다양한 문화 공간을 조성하고 이를 활용한 지역 문화 사업을 통해 안성의 오랜 역사를 지키고 확장해 나가고 있습니다.

소개할 곳이 넘쳐나는 안성은 그 지역적 가치에 반해 타지역 사람들에게 잘 알려지지 않은 참으로 안타까운 도시이기도 합니다. 필자는 이러한 상황을 보고 안타까운 마음이 들어서 안성을 알리고 홍보할 지역 콘텐츠를 만들자고 다짐하게 되었습니다.

안성시 지역 콘텐츠 제작을 위한 노력, 그리고 혼돈

'안성을 적극적으로 홍보할 수 있는 콘텐츠를 제작해보자!' 하는 생각에 어려움을 겪게 된 것은 지역에 관한 정보를 모으기 시작하면서부터였습니다. 앞서 설명한 대로 너무나 방대한 지역 명소와 역사, 문화, 인물들이 많아 저의 발목을 잡았기 때문입니다.

무엇부터 어떻게, 어떤 사료를 활용하여 무슨 결과물을 만들어내야 할지 그야말로 '멘붕'이었습니다. 그러다 18살 때 안성의 칠장사에서 개최한, '어사 박문수 전국백일장'에 참여하여 입상했던 기억이 떠올라 칠장사와 어사 박문수 이야기를 활용한 지역 콘텐츠를 제작해야겠다고 생각하게 되었습니다. 다음 사진은 지역과 관련한 콘텐츠를 만들고자 결심했을 때 만든 기획안의 초안 일부입니다.

안성의 칠장사에는 다음과 같은 이야기가 전해져 오고 있습니다.

조선 중기에 천안에 박문수라는 선비가 과거시험을 보러 한양에 올라가는 길에 칠장사에서 하룻밤을 묵게 된다. 어머니의 말씀도 있으셨고 해서 나한전에 유과를 올리고 나한님께 불공을 드린 후 잠을 청했다.

신기하게도 그날 밤 꿈에 나한님이 나타나서 과거시험의 시제를 알려주며 총 8줄의 답안 중 7줄을 가르쳐주고 나머지 한 줄은 박문수 네가 알아서 써내라 하였다고 한다.

다음날 일어나 한양으로 올라가는 도중 내내 나한님이 가르쳐주신 글과 마지막 시구를 생각하며 걸어 걸어 한양 과거 시험장에 도착하여 시험을 보는데 과연 나한님이 가르쳐준 시제가 나와 깜짝 놀랐다.

나한님이 알려준 7줄을 쓰며 나머지 한 줄을 써 내려가는 데 일필휘지라!

단발초동농적환(短髮草童弄笛還) : 단발한 초동이 피리를 불며 돌아오더라.

위 답안으로 박문수는 장원급제한다.

박문수가 나한님께 유과 공양을 올리고 기도한 덕에 나한님께서 답을 가르쳐 주셨겠지만, 그의 인품으로 보았을 때 효성과 사람 됨됨이가 나한님도 감동받을 정도의 성품이라 나한님께서 큰 선물을 주신 것일 것이다.

칠장사 나한전은 조선 시대 어사 박문수가 과거를 치르러 가면서 칠장사에 머물던 중 꿈에 나온 시제가 과거시험에 그대로 나와 장원급제를 하였다는 전각으로서 지금도 입시 철이 되면 수많은 학부모가 이곳 나한전을 찾아 기도한다.

필자는 이 이야기를 가지고 안성의 칠장사를 배경으로 위 기획안에서 보여준 3가지 프로그램을 기획하였습니다. 첫 번째, '어사 박문수를 이겨라!'는 일필휘지의 달인을 모색해보는 내용으로 구성된 프로를 생각해 보았습니다. 이외에도 억울한 죽음을 해결해 주거나 숨겨진 죄를 밝혀내는 이야기, 효부나 효자들의 행적을 기리는 이야기, 삶의 지혜를 일깨워 주는 이야기 등을 주제로 한 사찰 토크쇼를 기획하면 유익하고 재미있을 것 같다는 생각이 들었습니다.

두 번째로 고안했던 것은 '수행자의 밥상'입니다. 이 프로그램은 사찰요리의 대가로 유명한 정관스님과 함께 하는 요리 프로입니다. 잦은 배달음식 섭취와 영양소 불균형으로 무너져가는 현대인들의 밥상을 정관스님과 함께 개선해나가며 수행해보는 내용입니다. 안성이 우수한 품질의 식재료가 많이 생산되는 지역임을 고려해본다면 이러한 콘텐츠도 흥미로울 것 같았습니다.

마지막으로, 'Temple Bridge Festival'은 칠장사 내에 있는 어사 박문수 합격 다리를 배경으로 한 프로그램입니다. 대학 입시를 필두로 치열한 경쟁사회에서 다양한 시험을 앞두고 고군분투하는 이들의 합격을 기원하고 고즈넉한 사찰에서 마음의 안정을 되찾아보는 Healing Stay를 기획하였습니다.

하지만 자신만만했던 기획 초기와는 다르게 문제점이 보이기 시작했습니다. 우선, 첫 번째 프로그램에서 일필휘지의 달인을 찾는다는 취지는 좋지만 매년 칠장사에서 열리는 '어사 박문수 전국백일장'과의 차별성이 없어 프로그램으로 기획하기에는 다소 부족한 점이 많았습니다. 또, 다양한 주제를 다루는 사찰 토크쇼는 지역성을 강화하기 위한 취지와는 맞지 않는다는 판단이 들었습니다. 두 번째 프로그램 역시 안성의 지역 상품 (안성맞춤 쌀, 배, 포도, 한우, 인삼 등)을 홍보하고 칠장사를 배경으로 한다는 점에서 상당히 의미 있었지만 정작 사찰요리의 대가인 정관스님께서 머무시는 절은 전남 장성군의 백양

사여서 오히려 백양사를 배경으로 프로그램을 만드는 것이 더욱 괜찮아 보였습니다.

세 번째 프로그램도 기획의도와 내용은 매우 좋지만, 안성이라는 지역을 홍보하기엔 무리가 있고 꼭 칠장사가 배경이 아니더라도 다른 장소에서 충분히 할 수 있을 것 같다는 생각이 들어 적합하지 않다는 결론을 내렸습니다.

야심 가득했던 의도와는 정반대로 콘텐츠 제작의 방향성을 잃고 다시 원점으로 돌아왔습니다. 이는 '반드시 안성의 지역 전설과 엮어서 콘텐츠를 만들어야지.'라고 생각한 것이 초래한 문제였습니다. 문헌상으로 이렇다 할만한 안성의 전설, 역사적 인물과 관련된 신비한 이야기가 전해져 오는 장소가 칠장사밖에 없어서 반드시 칠장사로 선정해야 한다는 강박에 사로잡혀 이러한 결과가 나온 것입니다.

물론 칠장사는 안성 8경 중 하나로 매우 가치 있는 장소이고 안성을 대표하는 곳으로 소개하기에 충분한 조건을 갖추고 있습니다. 하지만 안성의 '지역성'을 부각하고 '홍보'하기 위한 전략으로 내세우기에는 다소 아쉬운 장소였던 것입니다.

원점으로 돌아오긴 했지만 포기하고 싶지 않았습니다. 또 '칠장사'라는 장소를 제외하고 싶지도 않았습니다. 이 생각은 더 나은 아이디어를 떠올릴 수 있도록 도와주었고 후술할 최종 기획안을 만드는 데 도움이 되었습니다. 시행착오 없이 단번에 기획안을 만들 수도 있었지만, 이러한 과정이 오히려 결과적으로 '득'이 되었다고 생각합니다.

● 공모전 이름 : 내가 만드는 우리동네 콘텐츠 기획안 공모전

● 참가대상 : 대한민국 국민 누구나 (개인 또는 팀으로 참여 가능)

● 공모주제

  1. 프로그램 기획안

    - 지역성을 고려한 참신하고 독창적인 프로그램

    - 지역 명소, 음식, 인물을 소재로 한 일반 프로그램

    - 교양, 오락, 다큐 등 다양한 장르의 프로그램

  2. 뉴스기획안

    - 일반 채널과 차별화되는 지역 채널 고유의 뉴스 포맷

    - 지역 채널의 특성을 살린 뉴스 코너물 포맷

● 공모형식 : 공모 분야에 맞는 기획안 제작

● 작품규격 : 자유 양식 PPT

재동's 공모전, 이렇게 완성되다.

공모분야	프로그램 기획안	성명	연재동
프로그램 / 작품명	나 잠깐 산다	연락처	gotla63@gmail.com
장르	예능	소재	여행, 지역홍보
시청등급	전체관람가	방송길이	15분 ~ 20분
기획 의도	\(1\) "안산 말고 안성이라니까?!" : 대학에 갓 입학했을 때 새로 사귄 대학 친구와 있었던 웃지 못할 에피소드입니다. 고향을 물어보길래 '안성'이라고 대답했더니, 자신은 '안산', '안양'밖에 모른다며 저에게 당혹감을 표출했습니다. 웃으며 넘길 수도 있었지만 내가 사는 '안성'이 이렇게나 인지도가 없었나? 하는 생각에, 매우 속상했습니다. 그래서 이번 기회에 안성을 알리고 문화적, 역사적 가치가 뛰어난 지역이라는 것을 사람들에게 알려주고 싶었습니다. \(2\) "지역 경제? 내가 한 번 살려보자." : 코로나 19로 인해 마을공동체가 위협받고 지역 경제가 침체하면서 활기가 사라진 안성의 모습을 보고 가슴이 아팠습니다. 하여, 지역도 홍보하고 지역성을 강화한 프로그램을 기획하여 영상을 시청한 많은 사람이 안성에 방문해주면 좋겠다는 생각이 들어 이 프로그램을 기획하게 되었습니다. 대학생인 제가 고향을 위해 할 수 있는 최선이라 생각하기에 꼭 당선되면 좋겠습니다.		
제작 내용	**\(1\) 청춘들의 힐링 여행기** 노골적인 지역홍보 마케팅은 이제 멈추어야 할 때라고 생각합니다. 정말로 영상을 시청한 사람들에게 오고 싶은 마음이 들게 하려면 출연자들의 여행기가 유쾌하고 재미있어야 한다고 생각했습니다. '밝고 긍정적인 에너지를 가진 사람들이 출연하면 좋겠다.'라는 생각에 가장 부합한 연령대가 20대 대학생이라 판단했습니다. 대학생들이 여행하는 컨셉으로 만들자고 생각했습니다. **\(2\) 지역홍보 및 활성화** 안성은 역사적 · 문화적으로 가치 있는 장소와 축제 등이 상당히 발달한 지역입니다. 하지만 홍보전략이 미흡하여 많은 대한민국 사람들이 잘 모른다는 것이 안타까운 현실입니다. 안성의 다양한 장소를 둘러봄으로써 지역을 홍보하고 활성화시키는 방향으로 프로그램 기획안을 작성해보았습니다.		

▲ [표1] 실제 공모전에 제출한 기획안

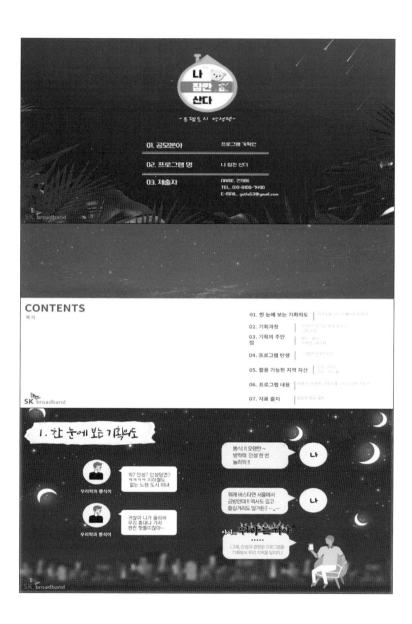

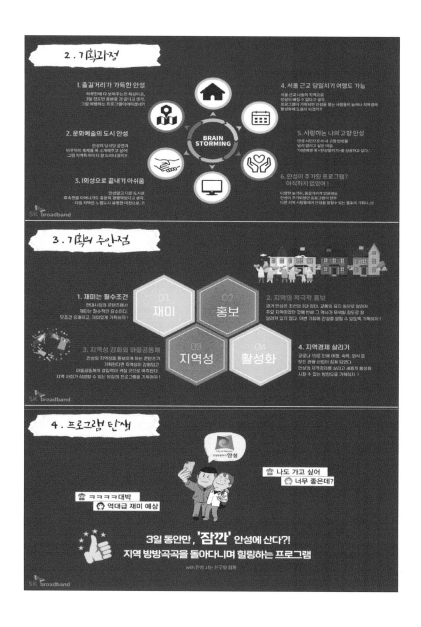

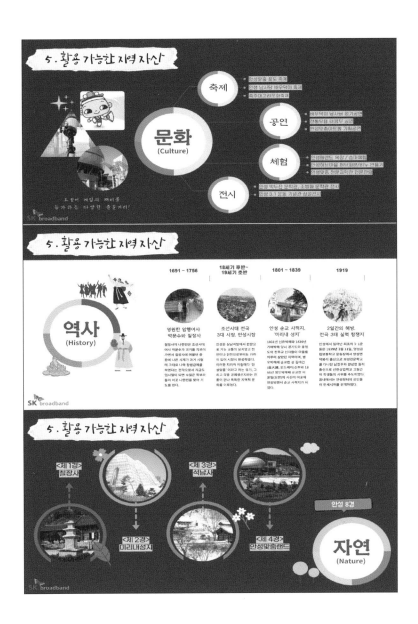

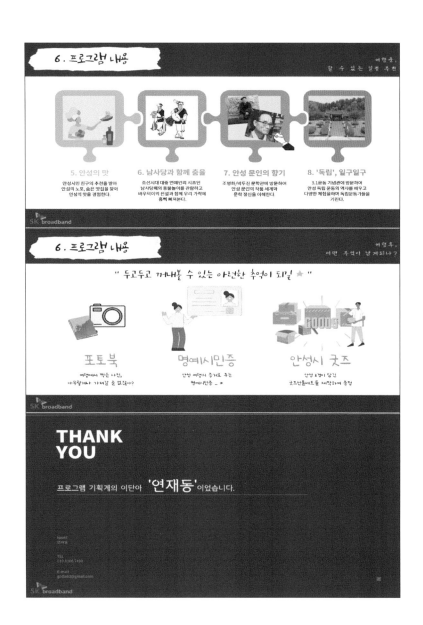

[표1]과 최종 ppt에서 확인할 수 있듯, '나 잠깐 산다'라는 제목과 청춘 여행을 소재로 안성을 홍보할 지역 프로그램 한 편을 완성하였습니다. 활용 가능한 지역의 자산들은 최대한 활용하며 기획안의 초안에서 다뤘던 내용도 일부 가져가고 안성 '홍보'에 더욱더 박차를 가할 수 있는 방향으로 개선·보완하였습니다.

지역 콘텐츠를 개발하며 나 자신이 생각보다 안성에 대해 잘 알지 못했다는 것을 알게 되었습니다. 우리 지역이 '앞으로 얼마나 더 발전할까?'에만 초점을 두고 살아왔지 '어떻게 발전해 왔을까?' 하는 부분은 전혀 관심을 기울이지 않고 무지하게 살아왔구나 하는 생각에 부끄럽기도 하였습니다. 이 책을 통해 도움을 받고 지역 콘텐츠를 만들고자 하는 사람들에게 제언하자면 자기 자신이 살고 있는 지역을 이해하고 탐구하는 것부터가 지역 콘텐츠를 만드는 첫걸음임을 반드시 인지하셨으면 좋겠습니다.

나 자신도 다 알지 못하는 나의 고향을, 다른 어느 누가 알려고 하겠습니까? 알고 싶어 하겠습니까? 나부터, 나의 지역을 바로 알고 어떤 지역 자원을 활용하여 재가공할 것이며 어떠한 창작물로, 어떠한 형태로 재탄생할 수 있을지 고민하고 연구하는 과정이 꼭 필요합니다.

지역 콘텐츠 개발과 고전의 재가공은 한국문학의 맥을 잇고 지역의 자주성을 강화하는데 아주 중요한 일이자 '막중한 임무'입니다. 다양한 지역 전설, 민담, 신화 등의 이야기를 수집하고 새롭게 가공하여 후대에게 전해주는 것이야말로 한국문학을 전공하고, 지역 문화를 계승하는 사람들의 일임을 잊지 말아야 합니다. 더 많은 사람이 고전문학, 지역의 이야기를 현대 문화산업에서 의미 있게 각색하여 양질의 콘텐츠로 만들기를 소망합니다.

콘텐츠를 제작하며 활용한 모든 자료의 출처

1) 미리캔버스, CANVA 활용
: 모든 글꼴, 모든 벡터 이미지, PPT 템플릿, 인포그래픽

2) 안성 시청 문화·관광 홈페이지_https://www.anseong.go.kr/tour/main.do
: 안성시 심볼, 안성시 캐릭터, 안성 명소 & 관광지 기본 정보, 역사/문화/특산물/
안성 8경 정보와 사진, 안성에서 일어난 3·1운동의 역사, 3·1운동 기념관 광복사
사진, 천문과학관 정보와 사진, 미리내 성지 정보와 사진, 안성시 관광 안내 지도

3) 칠장사 홈페이지_http://www.chiljangsa.org/
: 어사 박문수 이야기, 어사 박문수 합격 다리 사진, 가을 칠장사 대웅전 사진

4) 안성팜랜드 홈페이지_http://nhasfarmland.com/asfarm.php?device=
: 안성팜랜드 정보와 사진

5) 시사 안성
기사_http://www.sisaanseong.com/news/articleView.html?idxno=6980
: 조선시대 안성시장 기사와 옛 사진

6) SK 브로드밴드
홈페이지_https://bdirectshop.com/Main.do?_C_=39755574&ib_no=a13&utm
_source=naver&utm_medium=brandsearch&utm_campaign=bds_w&utm_co
ntent=homelink
: 회사 로고

7) MBC TV 예능 '나혼자산다' 홈페이지_https://program.imbc.com/singlelife
: 프로그램 로고

8) 인스타그램 계정
(1)_https://www.instagram.com/p/B88ZUIQJtWN/?utm_medium=copy_link
: 안성맞춤 천문과학관 별자리 사진

9) 인스타그램 계정
(2)_https://www.instagram.com/p/CROEDvlsHIK/?utm_medium=copy_link
: 안성맞춤 시장 사진

10) 아시아에이
기사_http://www.asiaa.co.kr/news/articleView.html?idxno=393
: 조병화 사진

11) 경향신문
기사_https://m.khan.co.kr/culture/culture-general/article/20160508212700
5#c2b
: 박두진 사진

12) 요즘것들 홈페이지_https://allforyoung.com/posts/11856/
: 공모전 정보

13) 정관스님 관련_https://m.mk.co.kr/uberin/read.phpsc
=30000001&year=2019&no=898675
: 정관스님 사진

저자 소개

"재기발랄한 활동가 ENFP, 미래 국어교사 연재동입니다."

2000.08.04
한국어문학과 (부전공: 유아교육학과)
gotla63@gmail.com

청소년기 학생들은 국어 공부는 특별히 안 해도 학습의 어려움이 없다고 생각합니다. 오히려 한글만 깨우치고 책을 읽을 줄 알면 다른 공부에 매진하는 것이 더 옳다고 여기기도 합니다. 그러나 저는 한국어문학을 전공하면서 국어교육의 중요성을 새삼 느끼고 있습니다.

특히나 고전 영역의 경우 '도대체 왜 배워야 하는지'를 몰라 학습의 내적 동기가 잘 유발되지 않는 영역이기도 합니다. 단순히 고어를 암기하고 풀이하는 방식으로 소비되는 고전 교육이 너무나 안타까웠고 훗날 교사가 된다면 이러한 문제점을 해결하는 데 앞장서고 싶다는 생각을 하게 되었습니다.

본 과목은 이러한 목표에 십분 부합하는, 매우 유익한 강의였습니다. 교육현장에 나가서도 고전을 가치 있게 재가공하는 법, 의미 있게 향유하는 법을 알려주는 교사가 되고 싶습니다. 국어교육자가 되어 우리나라의 문화를 세계 속에 알릴 수 있는 가장 한국적인 인재를 키워낼 것을 약속합니다.

둘째 마당

경기 하남

미사 말고 망월

김준형

하남시는 위례신도시, 미사 강변도시, 감일지구, 교산 신도시와 같은 대단위 신도시 조성으로 현재 많은 주목을 받고 있다.

지리적으로는 서울시 강동구, 송파구, 경기도 남양주시와 성남시, 광주시와 접해 있다. 한강이 하남의 동쪽에서 서쪽으로 흐르고 있으며, 남한산성이 자리 잡고 있다.

하남은 삼국시대 초 백제 시조 온조왕 13년에 현재의 하남시 춘궁동 일대를 도읍으로 정하고 '하남 위례성'이라 부른 이래, 백제 근초고왕 25년까지 백제의 도읍지였다. 고려 태조 23년에 한주를 광주라 고쳐서 불렀으며, 이때부터 광주라는 이름이 붙기 시작하였다. 조선 선조 10년에 광주군 동부면이 되었으며, 1980년 12월 1일 동부읍으로 승격하였고, 1989년 1월 1일 광주군 동부읍·서부면과 중부면 일부가 합쳐져 하남시로 승격되어 오늘의 하남시로 발전하게 되었다.

망월동은 미사강변도시가 들어선 이후 미사동과 혼용해서 불리고 있다.

한강의 지류인 망월천이 마을의 중앙을 관통하고 있으며 망월천 주변에 수변공원이 조성돼있다.

한강과 서울시 강동구 강일동에 지리적으로 접해 있어, 창을 열면 한강, 문을 열면 서울이라는 슬로건을 내세우고 있다.

망월동의 지명은 과거 마을 앞에 흐르던 한강의 지류에서 마을 사람들이 달을 바라보았다고 했다는 것에서 유래했다.

미사호수공원

망월동의 랜드마크는 미사호수공원이다. 산책로가 망월천 주변을 에워싸고 있으며 곳곳에 공원이 조성돼 있다. 도심에서 하천과 공원과 같은 자연을 만끽할 수 있다.

'상망교'라는 이름의 커다란 아치교가 호수를 관통하고 있으며 밤이 되면 음악분수와 함께 불이 켜진다. 아파트의 불빛과 상망교의 조명이 호수에 비쳐 아름다운 야경을 선사한다.

공모전 소개

공모 안내 및 제안 참여

하남시를 위한 공모 안내

공모기간

O 연중 어느때나 하남시를 위한 시민의 제안 응모가 가능

참가자격

O 시민과 시 소속 공무원
O 전국민

제안사항

O 시정발전을 위한 정책제안 및 제도개선 사항
O 시민편익증진 및 행정서비스 제고방안
O 시 세입 증대 및 예산절감 효과를 기대할 수 있는 사항
O 신뢰, 소통, 화합 활성화 및 시민의 행복 위한 방안
O 기타 시정개선을 위한 모든 사항

공모전 이름: 하남시를 위한 공모 안내
참가자격: 시민과 시 소속 공무원, 전국민
제안사항: 시정발전을 위한 정책제안 및 제도개선 사항
　　　　　시민편익증진 및 행정서비스 제고방안
　　　　　시 세입 증대 및 예산절감 효과를 기대할 수 있는 사항
　　　　　신뢰, 소통, 화합 활성화 및 시민의 행복 위한 방안
　　　　　기타 시정개선을 위한 모든 사항
제안 종류: 아이디어 제안, 실시제안 및 공모 제안

고전을 활용한 마을콘텐츠 제작과정

1) 하남시 문제점 파악

먼저 하남시의 문제점에 대해 파악했다. 해당 문제들의 개선 방안을 제시한다면 공모전 성격에 부합하는 아이디어를 제안할 수 있을 것이라 판단했다.

하남시의 문제를 크게 세 가지로 분류했다.
1. 브랜드 파워 빈약
2. 지역상품의 부재
3. 사라지는 지명

1. 브랜드 파워 빈약

먼저 하남시를 대표하는 키워드를 조사해 보았다. 점유율이 가장 높은 포털사이트 세 곳(구글, 네이버, 다음)을 선정해, '하남'을 검색했다. 그 결과 연관검색어 최상단을 모두 '스타필드'가 차지한 것을 확인할 수 있었다.

구글에서 제공하는 검색어 기반 빅데이터 분석 서비스, 구글 트렌드에서 하남을 검색한 결과 관련 검색어 1위는 스타필드, 2위는 스타필드 하남이었다.

젊은 세대들이 많이 사용하는 소셜 네트워크 서비스, 인스타그램 해시태그 사용량 역시 분석한 결과, #하남과 가장 연관성이 높은 해시태그는 #미사와 #하남스타필드 임을 확인할 수 있었다.

위와 같은 분석을 통해 하남을 대표하는 키워드는 '스타필드'임을 확인할 수 있다. 또한 스타필드를 제외하면 하남의 인지도는 낮은 편

경기 하남 | 김준형

에 속한다는 것을 알 수 있다. 대기업 브랜드가 아니라, 하남시만의 독자적인 자산이 하남을 대표하는 키워드가 됐으면 하는 것이 하남시민의 바람이다.

2. 지역 상품의 부재

하남시하면 떠오르는 특산물, 혹은 부산물이 없다는 것 역시 하남시가 떠안은 문제이다. 하남시에서는 부추와 화훼류를 하남의 특산물로 분류하고 있으나. 대외적인 이미지 역시 그러한지는 의문이 든다.

문제의 원인은 홍보가 미흡하기 때문이라고 판단했다. 현재 하남시에서 자체적으로 특산물을 홍보하는 활동은 전무하며, 이벤트를 진행하더라도 이에 참여하는 인원이 적은 것이 현실이다.

3. 사라지는 지명

미사강변신도시가 개발되면서 기존의 망월동, 선동 그리고 풍산동의 일부가 하나의 행정동인 미사동으로 묶였다. 행정동 통합 과정과 '미사강변신도시'의 브랜드 파워로 현재는 망월동이라는 지명보다 미사동이라는 지명이 더 자주 쓰이고 있다. 망월동이라는 이름에는 망월 지역의 고유 역사와 전통이 담겨있다. 망월 지명이 사라지는 현 추세를 마냥 손 놓고 봐서는 안 될 것이다.

2) 문제 해결 방안 제시

축제 기획 배경
1차: 축제 기획

축제를 기획한다면 지역 산업과 연계되는 상품을 제작할 수 있으며, 하남시가 가진 브랜드 문제를 해결할 수 있을 것이라 판단했다. 축제에 대한 상세한 내용은 다음과 같다.

축제 이름: 망월 달맞이 축제
축제 기획 의도: 사라지는 망월 지명 복기
축제 내용: 망월천(수변공원)에서 달 사진 찍기, 망월천에서 찍은 달 사진 공모를 받아 모자이크 기법을 활용하여 새로운 작품 창조하기, 음악분수 근처에서 푸드트럭 운영하기, 포토존 및 포토스팟 마련하기

하지만 코로나가 언제 종식될지 모르는 판국에 축제를 기획하는 것은 위험하다고 판단해 규모를 축소하여 망월천 수변공원 내에 포토존을 마련하는 것으로 최종 결정하였다.

최종: 수변공원 내 포토존 설치
보름달, 반달, 초승달을 형상화하여 포토존 판넬을 제작하여 망월 수변공원 곳곳에 배치한다. 주변에 led 전구(노란색) 오너먼트를 장식한다.

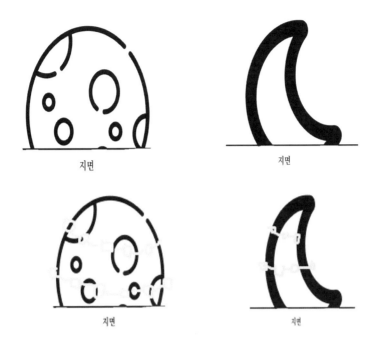

지면

〈오너먼트를 장식한 포토존 판넬 예상도〉

판넬에는 망월동의 이름 유래를 적어 사람들이 사진을 찍을 때 자연스럽게 읽도록 한다.

하남시 굿즈 제작

하남시를 대표하는 지역상품 부재 문제는 굿즈 제작을 통해 해결할 수 있다. 귀여운 용모로 대외적으로도 인기가 많은 하남시의 마스코트 '하남이'와 '방울이'를 활용하여 굿즈를 제작한다면 사람들의 이목을 집중시킬 수 있을 것이다.

〈하남이와 방울이가 그려진 떡 제작〉

하남이와 방울이가 그려진 찹쌀떡을 제작한다. 하남 전통시장 내 떡집과 협업하여 떡을 제작한다면 지역 경제를 살릴 수 있을 것이다. 다른 찹쌀떡과 차별화를 두기 위해 찹쌀떡 안에 들어가는 소를 달리한다. 하남의 특산물인 부추를 소에 넣는다면 특산물 홍보도 동시에 할 수 있다.

바나나 우유를 넣고, 바나나를 넣어 노란 찹쌀떡을 만든다. 달과 유사한 모양으로 망월 브랜드, 이미지를 홍보할 수 있다.

콘텐츠를 제작하며 활용한 모든 자료의 출처

1) 경기도 하남시 지도_
https://map.naver.com/v5/search/%EA%B2%BD%EA%B8%B0%EB%8F%84%2
0%ED%95%98%EB%82%A8%EC%8B%9C/address/14161495.017274324,45145
47.42701914,%EA%B2%BD%EA%B8%B0%EB%8F%84%20%ED%95%98%EB%82
%A8%EC%8B%9C,adm?c=14153813.5159997,4513283.0751524,11,0,0,0,dh
: 경기도 하남시 소개 사진

2) 경기도 하남시 망월동 지도_
https://map.naver.com/v5/search/%EA%B2%BD%EA%B8%B0%EB%8F%84%2
0%ED%95%98%EB%82%A8%EC%8B%9C%20%EB%A7%9D%EC%9B%94%EB%8F
%99/address/14158510.352483023,4518803.04972746,%EA%B2%BD%EA%B8
%B0%EB%8F%84%20%ED%95%98%EB%82%A8%EC%8B%9C%20%EB%A7%9D%
EC%9B%94%EB%8F%99,adm?c=14157127.3970531,4518756.4778786,13,0,0,
0,dh
: 경기도 하남시 망월동 소개 사진

3) 하남시청 홈페이지_https://www.hanam.go.kr/www/index.do
: 미사 호수공원 사진, 하남시 소개글, 공모전 소개 사진

4) 하남-탐색, google trends_
https://trends.google.co.kr/trends/explore?q=%ED%95%98%EB%82%A8&ge
o=KR
: 구글 트랜드

5) 하남 해시태그 분석결과, 해시태그랩_
https://tag.mediance.co.kr/analytics/tag/%ED%95%98%EB%82%A8
: 해시태그 분석결과 사진

저자 소개

"ENFP 외향적이고, 직관적이고, 감정적이고, 선택을 보류하는
김준형입니다."

1996.10.24
한국어문학과 (부전공: 행정학과)
boddol2@naver.com

　　15주간의 긴 여정이 감상을 적는 것으로 막을 내렸습니다. 복잡미묘합니다. 수업 첫 주, 오리엔테이션을 듣던 것이 엊그제 같은데 벌써 종강이랍니다. 최선을 다해 수업에 임했나 자신을 되돌아보고 반성도 많이 했습니다. 만약 수업 첫 주로 시간을 되돌릴 수 있다면 더 열심히 수업에 참여했을 것입니다. 아마도.

　　사실 거주 지역과 고전 콘텐츠를 결부하는 과정은 쉽지 않았습니다. 제가 사는 지역은 신도시라 모두 역사가 짧을뿐더러 이사 온 지 얼마 되지 않아 하남 지리에 환하지 않았거든요. 교수님과 학우분들의 피드백이 없었다면 아마 저는 도중에 하차했을 겁니다. 이 자리를 빌어 교수님과 학우분들께 감사의 말씀 올립니다.

　　수업으로 제가 사는 마을에 더욱 애정이 생겼습니다. 망월천을 지날 때마다 수업이 떠오를 것 같습니다. 다시 한번 감사합니다.

사랑의 강을 품은 하남

김한솔

21세기의 수도권 부도심으로 성장하고 있는 하남시는 서울 동쪽에 인접해 있으며, 경기도의 중심부에 자리 잡고 있습니다. 동쪽으로 광주시 남종면과 남양주시 조안면, 서쪽으로 서울시 강동구와 송파구, 남쪽으로 광주시 남한산성면과 성남시, 북쪽으로 한강을 경계로 남양주시와 인접하고 있습니다. 또한 남한강과 북한강이 양수리에서 만나 시작되는 한강이 하남시의 동쪽에서 서쪽으로 흐르고 있으며, 남쪽에는 남한산성이 자리잡고 있는 쾌적한 자연환경이 어우러진 살기 좋은 도시입니다.

편안한 삶을 즐기고 싶다면 하남으로

하남시는 이름에서도 알 수 있듯이 강이 아름다운 도시다. 미사리 조정경기장을 따라 이어진 자전거도로는 봄, 여름, 가을, 겨울 모두 아름다운 경관을 자랑한다. 자전거 도로도 깔끔하게 잘 정비돼있어 매년 많은 사람들이 이용하곤 한다. 또한 최근 스타필드를 비롯하여 많은 인프라가 한강 근처에 들어와 단순히 걷는 여행만이 아닌 즐길 거리, 먹을거리 등 다양한 체험을 하기 좋아졌다.

어렸을 때부터 생각이 많아질 때면 한강을 보러 가서 상념에 빠지곤 했다. 한 살 한 살 나이를 먹어가며 삶에 점점 여유가 없어진다는 생각이 들 때마다 그 시절을 떠올리며 한강을 보면 마음이 편해지곤 한다. 그런 의미에서 하남시 미사리 조정경기장과 한강 자전거 도로는 아주 좋은 산책로다. 불과 몇 년 전만 해도 하남시는 지금처럼 사람이 많지 않았다. 10시만 돼도 외곽지역에는 사람들을 찾아보기 힘들었다. 그렇게 밤이 되면 나는 자전거를 끌고 한강 자전거도로에 갔다. 앞에서 말했듯이 노래를 들으며 한강을 바라보면, 잡념은 사라지고 마음이 편해진다.

하남시의 또 다른 볼거리 중 하나는 검단산이다. 검단산 입구에서 현충탑, 약수터로 이어지는 코스는 단조롭지도 않고 그렇게 힘들지 않다. 정상에 올라서 보는 하남시의 경관은 일품이다. 코로나로 방에만 있는 요즘, 사람이 많은 지역으로 산책을 가는 것보다 자연을 즐기는 건 어떨까?

애달픈 도미나루의 사랑 이야기

　하남시에는 사랑의 이야기가 전해 내려오고 있다. 도미나루 전설에 나오는 도미나루가 그 주인공이다. 도미나루 전설에 나오는 '개루왕'은 백제의 4대왕 '개로왕'이라 추측되며 그 시기, 백제의 수도는 한강 유역의 하남위례성이며, 현재 하남시가 위치한 곳이다. 또한 도미의 눈이 뽑혀서 배를 타고 간 곳, 도미처가 정절을 지키려 탈출한 곳은 하남시 도미나루이다.

　현재, 이를 바탕으로 위례사랑길이라는 도보 코스를 만드는 등 하남시는 이 전설을 활용하여 관광코스를 계획하고 있다. 위례사랑길은 도미나루 전설을 생각하며 사랑하는 사람들과 걷는 길로서 검단산과 한강 사이에 있는 창우동에서 아랫배알미를 오가던 옛길을 복원한 길이다.

　　〈도미나루 전설〉
　　경기도 하남시 창우동과 배알미동 사이의 도미나루[都彌-渡迷津]는 백제 개루왕의 도미나루 전설에 유래를 두고 있는 지명이다. 이곳에는 팔당댐이 들어서기 전 바다같이 넓은 나루가 있었다. 그래서 사람들은 '바다나루' 또는 '바대이'라 불렀다. 그리고 나룻가에는 뱃길의 안전을 기원하는 당(堂)집이 여덟 군데나 있었다고 한다. 그래서 사람들은 여덟 개의 당집이 있는 곳이라 하여 팔당(八堂)이라 불렀다고 한다. 바로 이곳 배알미리 동쪽에 도미나루가 있다. 도미나루는 『삼국사기』 열전에 그 사연이 전한다.
　　도미는 신분은 보잘 것 없었지만 의리 있는 사람이었고, 그의 부인은 아름다우며 절조가 있어 당시 사람들의 칭찬이 자자했다. 백제의 개로왕이 이 말을 듣고 도미를 궁 안으로 불러 도미부인의 지조를 시험하고자

하였다. 그래서 왕은 한 신하를 왕으로 위장시켜 도미부인에게 보냈다. 도미부인을 찾아간 신하가 말하기를 "내가 너의 아름다움을 오래전부터 듣고 도미와 장기내기를 하여 이겼다. 내일 너를 궁녀로 삼을 것이니 네 몸은 나의 것이다"라고 하며 난행(亂行)을 하려고 하였다. 이에 도미부인은 왕의 말에 순종하며 옷을 갈아입고 오겠다고 하고서 여종을 단장시켜 수청을 들게 하였다. 뒤늦게 이 사실을 안 개로왕은 크게 노하여 도미에게 죄를 얽어 씌워 도미의 두 눈알을 뽑아버리게 하고, 작은 배에 태워 강물에 띄워 보냈다. 그 후 왕은 다시 도미부인을 끌어들여 강탈하려 하였다. 부인은 지금 월경 중이니 다른 날에 모시겠다고 하고 그 길로 도망가였다. 강가에 이르러 마침 지나는 배를 타고서 천성도(泉城島)라는 섬에 도착하였는데, 그 섬에서 아직 살아있는 남편을 만나게 되었다. 이들은 다시 고구려의 산산(蒜山)이라는 지역으로 가서 살다가 일생을 마쳤다고 한다. 지금의 창우동 한강변은 이와 같이 도미부부가 이곳을 떠났다 하여 도미나루라는 지명으로 불리고 있다. 이 이야기는 정절의 표상으로서 후대까지 널리 알려져 있으며, 『오륜행실도(五倫行實圖)』에는 그림과 함께 이 내용이 수록되어 있다.

　　이런 하남시의 재미있는 전설을 활용하여 〈2021 뉴스더원 카드뉴스 공모전〉에 참가해 카드뉴스를 만들었다.

공모전 이름: 2021 뉴스더원 카드뉴스 공모전

참가대상: 전 국민 누구나

공모주제: 뉴스더원 게재된 뉴스 중 선택, 카드뉴스 제작

공모형식: 카드뉴스 1인 5점 출품 가능

고전을 활용한 마을콘텐츠 제작과정

1) 공모전 출품 영상 제작

작품명: 제대로 알고 행동하세요! 스토킹 처벌법

작품 형식 및 분량: 카드뉴스 형식 / 5장

작품 한 줄 소개: 도미부인에 대한 개로왕의 집착이 최근 급증하고 있는 스토커 범죄와 유사하다는 점을 활용하여 카드뉴스를 제작

작품설명:

#1 스토킹처벌법 표지: 도미나루 전설을 활용하여 스토킹방지법에 대해 설명하고자 제목을 선정

#2 스토킹에 대한 설명: 스토킹에 대해서 상대방의 의사와는 상관없이 정신적 또는 신체적 피해를 주는 행위라 설명했다. 작품 속 백제 개루왕은 도미의 아내가 아름답고 행실이 좋다는 이야기를 듣고, 도미를 잡아 그의 집에 찾아가 강압적으로 도미의 처를 범하려 하였다. 흔히 현대사회 스토킹의 모습과 매우 흡사한 추태를 보여준다.

#3 개정되기 전 스토킹 처벌법에 대한 설명: 개정되기 전 스토킹 처벌법은 10만 원 이하 벌금·구류 또는 과태료에 그쳤다. 개루왕의 구애에도 변치 않는 도미부인의 모습을 보여주며 이전까지의 현실을 보여주고자 했다. 시행되고 있는 법적 처벌에도 불구하고 지속되는 범죄

의 양상이 끊임없이 구애하는 가해자 개루왕의 모습과 저항하는 피해자 도미부인의 모습과 유사하다.

#4 개정된 스토킹 방지법에 대한 설명: 스토킹 범죄는 '노원 세 모녀 살인사건'을 포함하여 최근 심각한 문제로 대두되고 있지만 이전까지 그 처벌은 중하지 못했다. 거기에 더해 사회의 인식도 한몫했다. 단순히 상호 간의 치정문제로 치부하거나 가장 보호받아야 할 피해자에게도 책임이 있다는 인식이 존재했다. 그 결과 피해자들은 사회적인 인식과 보복이 두려워 제대로 된 대응을 하지 못해 지금까지도 고통 속에 살고 있다. 도미부인의 계속된 거절에 화가 난 개루왕은 결국 도미의 눈을 뽑아버리는데, 이를 통해 스토킹 범죄에 대한 심각성과 결

국 이러한 이유로 개정된 스토킹 처벌법에 대해 설명하였다. 개정된 스토킹 처벌법은 가해자에게 3년 이하 징역 또는 3천만 원 이하의 벌금을 가한다. 피해자 보호조치도 강화됐다.

#5 마무리: 도미부인 전설을 스토킹범죄와 개정된 스토킹 처벌법에 비유하여 알아보았다. 한국의 지역전설을 통해 스토킹 범죄를 설명하고자 하였기에 이에 적합한 도미부인 설화를 가져왔지만, 스토킹 문제는 단순히 한쪽 성별에 치우쳐 다루어져서는 안 된다. 한쪽으로 치우쳐진다면 반드시 또 다른 피해자가 생기는 것은 자명한 사실이다. 행복한 사회를 만들기 위해서는 단순히 범죄자 처벌뿐만 아니라 피해자

의 처우 개선 및 사회적 인식의 변화가 요구된다.

제작 과정: 실제로 도미나루를 방문하여 그 장소에서 얻을 수 있는 감정을 느껴보고, 도미나루 전설에 관련된 책들을 읽어보며 어떤 뉴스를 골라야 이야기가 전달이 잘 될까 고민하였다. 마침 최근 대두된 스토킹 범죄와 개로왕의 도미부인에 대한 집착이 유사하다고 생각해서 뉴스와 접목하여 카드뉴스를 제작하였다. 미리캔버스를 활용하여 저작권을 걱정하지 않고 마무리하였다. 작업 중간 캐릭터 선정에 난관을 겪었지만, 그 상황과 맞는 캐릭터를 선정하여 마무리하였다.

콘텐츠를 제작하며 활용한 모든 자료의 출처

1) 미리캔버스 활용
: 모든 글꼴, 이미지, 템플릿

2) 네이버 지도_https://map.naver.com
: 하남시 지도

3) 하남시청 홈페이지_https://www.hanam.go.kr/www/contents.do?key=148
: 하남시 소개에 관한 내용, 위례사랑길 소개 글 내용

4) 문화체육관광부 지역n문화
사이트_https://www.hanam.go.kr/www/contents.do?key=4581
: 도미나루전설에 관한 내용

5) 하남문화원
홈페이지_http://hanamculturecenter.kr/bbs/board.php?bo_table=hanamct_
4_4&wr_id=9.
: 도미나루전설에 관한 참고사항

참고문헌

최래옥, 「도미설화의 콘텐츠화」, 『2009 도미설화 학술 대회』 제1호,
　　　　하남문화원, 2009, p.77.

저자 소개

"정의로운 사회를 만들고 싶은 한국어문학과 김한솔입니다."

1994.04.22
한국어문학과
kimhansol433@naver.com

　수업을 시작하면서 과연 하남시에 지역전설이 있을까 의문이 많았습니다. 하지만 수업이 진행되면서 차츰 알지 못했던 이야기들을 접하게 됐고 생각보다 훨씬 많은 이야기가 우리 주변에 흩어져 있다는 것을 알게 되었습니다. 우리는 쉽게 고전들을 고리타분하다고 생각합니다. 하지만 최근 유행하는 레트로 굿즈들을 보면 알 수 있듯이 유행은 돌고 있습니다. 그 모습을 보고 있으면 과거 그리스와 로마의 문화를 재현하려던 '르네상스 운동'의 모습이 떠오릅니다. 우리가 재미없다고 생각하던 고전 원전들 속에 시대를 관통하는 스토리들이 담겨있을 것도 같습니다. 이번 수업을 계기로 고전의 새로운 모습을 만나게 되었습니다.

검단선사와 검단할망이 주는
하남 이야기보따리 들고 가세요

—

이지우

"여러분이 알고 있는 하남시는 어떤 곳인가요?" 필자에게 하남시는 학창 시절부터 지금까지, 10년이라는 추억이 고스란히 담긴 곳이다. 하남에는 즐거운 순간이 기억에 남아 그저 있기만 해도 좋은 장소, 힘들었던 날에 위로받았던 장소 등 매 순간의 기억과 감정이 담긴 곳이 수도 없이 많다. 그중 특별히 예쁘고 반짝이는 것들을 이야기로 만들어 여러분에게 전달하고 싶다.

하남시 곳곳을 둘러보며 보물 같은 장소를 찾고, 도시와 마을에 전해 내려오는 이야기도 들으면서 즐겁게 이야기보따리를 꾸려보았다. 하나만 콕 집어 소개할 수 없어서, 욕심껏 이것저것 넣다 보니 여러모로 정보가 많아졌지만, 그래도 가볍게 즐길 수 있도록 하였다. 이야기를 한껏 담았으니 보따리와 함께 하남을 재미있게 알아가는 시간이 되기를 바란다.

〈청정 하남〉

경기도 하남시는 서울특별시, 한강, 경기도 성남시, 광주시와 접해있다. 하남은 옛날부터 〈청정 하남〉을 선전 문구로 내세웠다. 2015년부터 시에서 자체 출판한 잡지의 이름도 『청정 하남』이다.

"맑고 깨끗하다"라는 단어의 뜻에 맞게 하남은 산 좋고 물 좋은 이미지를 가지고 있다. 동네 곳곳에 있는 많은 하천과 경치 좋은 산, 그리고 이를 즐길 수 있는 '길'이 발달해 있어 이미지를 더욱 강화할 수 있던 것 같다. 대표적인 예로 한강과 남한산성이 붙어 있는 도시의 이점을 살린 '하남 위례길' 관광 콘텐츠가 있다. 하남시민이라면 한 번쯤 올라갔을 '검단산'도 관리가 잘 된 등산로로 인기 있는 산이다.

다양한 길 중 필자는 하천과 함께 발달한 하천 옆 산책로를 가장 좋아한다. 산책로의 수가 많아 어느 동네 주민이든 주변에서 산책로를 만날 수 있다. 망월동에는 큰 호수공원도 조성되어 있는데, 노래 들으며 걷는 것이 취미인 사람들이 좋아할 만한 곳이다. 연인이나 친구와 두런두런 이야기하며 걷기에도 좋고, 반려견과 함께 산책하기에도 좋은 곳이다. 오리, 두루미 등의 조류가 사는 생태 공원이기도 하다. 행복은 멀리 있는 것이 아니라 동네 호수공원에서 찾을 수 있음을 느낀다.

〈역사문화 도시, 하남〉

하남은 역사가 깊은 도시
이기도 하다. 선사시대부터
조선시대까지 수많은 유물과
유적지가 있다. 필자가 역사
문화와 관련된 장소로 소개
하고 싶은 곳은 '하남역사박
물관'이다.

덕풍동에 있는 박물관은 지하철 5호선 하남시청역 2번 출구에서 약
5분 정도 걸린다. 박물관은 보통 조용하고 지루한 느낌을 주기 때문
에 '놀러 가는 곳'으로 생각하기 어렵다. 가만히 무언가를 보는 것에
초점이 맞춰져 있기에 더욱 그렇지만, 하남역사박물관은 게임과 같은
참여형 콘텐츠가 많아 재미있게 다녀올 수 있는 곳이다.

사진에서 볼 수 있는 이성산성 실감관은 시각적인 즐거움을 주고,
터치스크린을 이용한 게임은 박물관을 신나는 공간으로 만드는 요소

이다. 이보다 더 많은 콘텐츠가 있고, 놀이방 분위기의 어린이 체험실
도 따로 있어서 어린 자녀나 동생이 있다면 꼭 같이 가보길 추천한다.

〈놀기 좋은 도시, 하남〉

하남은 대형 복합 쇼핑몰 '스타필드'에서 영화도 보고, 맛있는 밥도
먹고, 쇼핑하며 놀 수도 있지만, 공원에서 돗자리 한 장 가지고 나와
소풍을 즐길 수도 있다. 이번에는 소풍도 하고 자전거도 탈 수 있는
'미사경정공원'을 소개하고자 한다.

자전거도로를 사이에 끼고 조정 경기장과 들판이 있다. 들판에서 자
리를 잡아 경치를 즐길 수 있다. 또는 자전거 보관소에서 자전거를 빌
려 시원한 바람 맞으며 달릴 수 있다. 가족 친구와 함께 여유로운 한
때를 보낼 수 있는 곳으로 추천한다.

검단산에는 신비한 할아버지, 할머니가 산대요

하남시에 내려오는 전설 하면 〈도미나루〉가 대표적이다. 『삼국사기』에도 실린 유명한 전설이다. 도미의 아내가 왕으로부터 달아나 도착했던 나루터를 '도미나루'라 부르는데, 이는 하남시 팔당댐 근처에 있다. 필자는 이미 익숙해진 전설보다 그렇지 않은 전설을 콘텐츠에 활용하여 신선함을 주고 싶었다. 그렇게 하남시 전설을 찾던 중 눈에 들어온 이야기가 바로 검단산과 관련된 전설이다. 검단산 이름의 유래를 알려주는 〈검단선사 이야기〉와 검단산에서 일어났던 신비한 일을 담고 있는 〈잃어버린 아이와 검단산〉 이야기를 발견하였다.

> 〈검단선사 이야기〉
> 검단선사는 하남시에 위치한 검단산의 유래가 된 도사이다. 아주 먼 옛날 남한산에서 도를 닦고 있던 검단선사에게는 아끼는 소년이 있었다. 소년의 어머니는 병을 앓고 있어 검단선사는 소년을 위해 어머니의 병을 낫게 할 약을 구해오겠다고 약속했다. 그러나 검단선사는 약속을 지키지 못했고, 그 슬픔을 잊기 위해 동쪽으로 계속 걸어갔다. 해가 질 때쯤 어느 산에서 멈췄는데, 그 산이 지금의 검단산이다.

> 〈잃어버린 아이와 검단산〉
> 약 100년 전, 덕풍동 한 가정집에서 여섯 살 된 딸 '간난이'가 사라졌다가 오랜 시간이 지난 뒤 검단산에서 발견되었다. 마을 사람들 모두 5일 동안 찾아도 보이지 않다가 한 나무꾼이 검단산에서 간난이를 찾았다. 간난이는 어떤 할머니가 자신을 검단산에 데리고 와 다래와 머루도 주고, 재워주었다고 말했다. 간난이는 그렇게 무사히 집에 돌아왔다.

공모전 이름: 경기사랑 대학생 창작콘텐츠(UCC) 공모전

참가대상: 전국 대학교 재학생(휴학생·유학생 포함)

공모주제: "경기도의 모든 것을 들여다 본다." ZOOM-IN 경기!

공모형식: 광고, 애니메이션, 영화, 뮤직비디오 등 제한 없음.

작품규격:

장편 부문 - 5분 이내, 해상도 1280*720 이상, 1팀 1작품 출품

단편 부문 - 1분 이내, 해상도 1280*720 이상, 1팀 1작품 출품

고전 활용과 콘텐츠 제작

1) 공모전 출품 영상 제작

작품명: 경기도 하남에서 놀자! -〈지수의 일기〉

참여 부문: 장편

영상 길이: 4분 40초

영상 한 줄 소개: 시청자의 동생을 캐릭터로 가상 설정하여 함께 하남시 관광 명소를 둘러본다는 컨셉의 영상이다.

작품설명: 우리의 동생 '지수'는 방학을 맞이해 언니에게 놀러가자고 한다. 분위기 있는 피크닉 장소, 맛집 등 지수가 원하는 놀거리가 모두 있는 경기도, 그중 하남을 집중 조명하여 가보면 좋을 곳을 소개한다. '지수'가 언니와 함께 하남 곳곳을 놀러 다닌 뒤 일기를 썼고, 그 일기의 내용을 본다는 설정으로 영상이 진행된다. 〈지수의 일기〉로 하남을 간접 체험해보자.

 (영상은 좌측의 QR코드를 통해 시청 가능하다.)

제작 과정:

① 영상에서 소개한 이성산성, 검단산, 미사경정공원, 하남역사박물관, 전통시장에 직접 방문하여 영상 및 사진을 촬영했다. 촬영 장비는 스마트폰 카메라를 이용하였다.

② 동생 캐릭터 '지수'는 따로 섭외하지 않고 캐릭터 그림을 그려 영상에 삽입했다. 일기의 내용을 본다는 컨셉이기 때문에 캐릭터 그림을 통해 그림일기 같은 느낌을 내고자 했다.

캐릭터는 갤럭시 Note10의 'Pen Up'이라는 기본 그림 그리기 어플을 사용해 그렸다.

③ 영상 편집 프로그램은 어도비(Adobe)의 '프리미어프로 2021'을 사용했다. 배경음악은 유튜브에서 제공하는 음악을 삽입했다. 저작권 걱정 없이 사용할 수 있으며, 음악 다운로드 방법은 다음과 같다. 유튜브 홈페이지로 들어가 자신의 계정 이미지를 누르고 'YouTube 스튜디오'로 들어간다. 그리고 '오디오 보관함'에 들어가 원하는 음악 및 음향 효과를 저장한다.

④ 공모전에 작품 제출 시 필수였던 영상 썸네일 이미지와 작품의 인트로 영상은 파워포인트(PowerPoint) 프로그램을 사용하여 제작했다. 인트로 영상에서 나타났던 모션은 파워포인트의 애니메이션 기능을 사용했다.

경기 하남 | 이지우

2) 하남시 관광 굿즈 기획 및 제작

굿즈 이름: 검단선사와 검단할망이 주는 하남 나들이 보따리

굿즈 소개: 가족 또는 친구와 하남의 다양한 관광 명소를 둘러볼 때, 배고프지 않게 든든히 간식을 챙겨주는 관광 패키지.

굿즈 기획 배경:

공모전 제출 용도로 기획하지는 않았다. 고전과 문화콘텐츠 강의를 통해 지역 캐릭터 및 상품 개발이 지역 관광에 얼마나 도움이 되는지 알게 되면서 공모전 출품의 연장선상에서 기획해보았다. 하남시 검단산과 관련된 전설에서 나오는 '검단선사'와 이름 모를 신비한 할머니를 이야기 속 성격을 바탕으로 특징을 구체화하여 캐릭터로 만들었다. 신비한 할머니는 '검단할망'이라는 이름을 설정하여 이 캐릭터를 활용한 지역 굿즈를 기획해보고자 했다. 이 관광 패키지는 하남시청 등 지역기관과 연계했다는 가정하에 기획되었다.

굿즈 1차 기획 및 제작 과정:

① 캐릭터 이미지 및 특징 설정:

검단선사: 〈검단선사 이야기〉 속 도사 할아버지.
　　　　　검단산의 유래가 된 할아버지 이름.
　　　　　아끼는 소년의 약속을 들어주지 못한 인물.

검단할망: 〈잃어버린 아이와 검단산〉 속 신비한 할머니.
　　　　　전설에서 이름은 나타나지 않지만, 캐릭터
　　　　　구축을 위해 임의로 설정함.
　　　　　6살 된 여자아이 간난이를 산으로 데려간
　　　　　의문의 할머니, 아이를 해치지는 않음.

두 캐릭터 모두 전설에서 '아이'와 관련된 부분이 크게 드러나, 아이에게 친근한 할아버지, 할머니 캐릭터성을 부여했다.

② 패키지 구성 기획:

뚜껑이 투명한 상자, 떡-백설기, 포도맛 간식, 하남 관광지도를 기본으로 구성했다. 캐릭터 이미지를 이용해 스티커를 만들고 간식에 이를 붙여 제공한다. 백설기의 경우, 검단산에서 도를 닦은 검단선사가 생활했던 곳에서 쌀이 나온다는 전설을 참고하여, 그 쌀로 만든 떡이라고 설정해 구성했다. 관련 캐릭터인 검단선사 스티커를 붙여 제공한다. 포도맛 간식의 경우, 할머니가 준 머루와 다래를 먹고 닷새동안 산에서 버틴 간난이 전설을 활용해 머루와 비슷한 포도 사탕 또는 젤리로 구성했다. 관련 캐릭터인 검단할망 스티커를 붙여 제공한다. 그리고 각각의 캐릭터에 대한 간단한 설명이 적힌 메모지를 패키지 구성품으로 기획했다.

③ 예상 이미지 제작:

경기 하남 | 이지우

④ 기획 효과: 캐릭터를 이용해 굿즈 소비자로 하여금 친근감을 형성시킨다. 검단산 전설이라는 이야기가 녹아 있는 굿즈이기 때문에 일반적인 굿즈보다 접근성이 좋을 것으로 기대된다.

굿즈 2차 기획 및 제작 과정:
① 1차 기획에 대한 피드백:
㉠ 검단선사와 검단할망을 이용하여 동화 등의 이야기로 만드는 것은 어떨까?
㉡ 패키지 상자 대신 쓰레기가 나오지 않는 것으로 대체하는 것이 좋을 것 같다. 관광지도를 큰 손수건으로 제작하여 보따리처럼 사용하면 관광지도와 상자로 발생하는 일회용 쓰레기 해결 방안이 될 것이다.
㉢ 떡과 함께 포도 주스 등 음료도 패키지에 추가하면 더 좋을 것 같다.
② 개선한 패키지 구성 기획:
㉠-동화 같이 이야기를 만들어 얇은 책으로 제공하면 소장 욕구를 자극하여 좋은 방안이라고 생각했다. 그러나 내용 설정과 이야기 삽화를 그리는 데 어려움이 있어 아쉽지만 채택하지 않았다.
㉡-보따리로 만들어 제공하는 게 환경 문제를 해결할 뿐 아니라 보기에도 좋아 상자와 관광지도 종이를 제외하고 손수건을 넣기로 하였다. 제작을 알아보니 개인 제작에는 무리가 있어 기본 손수건으로 대체하기로 했다. 관광지도는 하남시청에서 제공하는 하남시 전자 지도를 안내하는 것으로 최종결정하였다.
㉢-포도 주스도 구성품에 넣기로 하였다.

③ 캐릭터 스티커 제작 과정:

제작업체: 오프린트미(OH. PRINT ME)

우선 스티커로 만들 이미지를 준비했다.

오프린트미 사이트에서 스티커는 형태, 용지, 코팅 여부를 정해 제작할 수 있는데, 순서대로 DIY, 스탠다드, 무광으로 설정했다. DIY는 가지고 있는 이미지를 용지 사이즈에 원하는 위치로 넣어 만드는 형태이다. 용지 사이즈는 A5로 설정하고, 하나씩 떼기 용이하도록 칼선을 넣었다. 스티커 수량은 1매부터 원하는 수량으로 선택할 수 있다.

DIY스티커 편집은 사이트에서 가능하며, 아래 사진은 실제로 사이트에서 이미지를 배치한 모습이다. 편집한 스티커의 사이즈를 바꾸려면 다시 편집해야 하기에 사이즈는 신중히 설정하는 것이 좋다.

편집이 완료되면 상품을 주문한다. 필자는 배송까지 일주일 정도 걸렸다.

④ 캐릭터 설명 엽서 제작 과정:

엽서 디자인 사이트: 미리캔버스

미리캔버스 기본 템플릿으로 '엽서카드' 템플릿이 있어서 이를 활용했다. 엽서 사이즈는 102×152로 시중에 판매되는 엽서 기본 사이즈로 설정했다. 엽서는 양면으로 제작하기 위해 2장의 이미지를 제작했다. 앞면에는 관광 패키지에 맞게 하남을 간단히 소개하는 글과 보따리에 대해 설명했다. 뒷면은 검단선사와 검단할망의 전설을 짧게 요약하고, 보따리 속 간식이 어떻게 들어갔는지 이야기하였다. 예시는 다음 페이지와 같다.

엽서 제작 업체: 비즈하우스

미리캔버스 파일을 연동할 수 있는 제작 사이트여서 이곳을 골랐다. 용지, 사이즈, 매수를 선택할 수 있는데, 용지의 경우 다양한 종류를 사이트에서 상세히 설명한다. 필자는 광택 있는 기본 용지인 아트지로 선택했다. 사이즈는 미리캔버스에서 제작 당시 설정한 사이즈 그대로 진행했고, 매수는 최소 수량인 8매로 주문을 넣었다. 배송은 주문 후 3일 뒤 도착하여 스티커 제작업체보다 빨랐다.

굿즈 제작 결과:

최종 구성품: 손수건, 백설기, 포도 젤리, 음료, 나들이 보따리 설명 엽서, 일회용 후시딘과 밴드.

검단선사와 검단할망이 주는
하남 나들이 보따리

하남에 오신 걸 환영합니다!

하남은 선사시대부터 조선시대까지 수많은 유물과 유적지가 있는 역사 깊은 도시입니다.

등산하기 좋은 산과 물 맑은 하천이 동네 곳곳에 위치한 청정 도시이기도 합니다.

대형 복합 쇼핑몰 '스타필드'부터 하남시를 조망해볼 수 있는 유니온타워 전망대까지 심심할 틈이 없는 도시, 하남!

하남 곳곳을 둘러보시는 여러분이 좋은 추억을 만들 수 있도록 검단선사와 검단할망이 작은 보따리를 싸주셨습니다.

보따리와 함께 즐거운 나들이 되시길 바랍니다!

경기 하남 | 이지우

검단선사와 검단할망이 주는
하남 나들이 보따리

검단선사

검단선사는 하남시에 위치한 검단산 이름의 유래가 된 도사입니다. 아주 먼 옛날 남한산에서 도를 닦고 있던 검단선사에게는 아끼는 소년이 있었습니다. 소년의 어머니는 병을 앓고 있어 검단선사는 소년을 위해 병을 낫게 할 약을 구해오겠다고 약속했습니다. 그러나 약속을 지키지 못했고 이에 크게 슬퍼한 검단선사는 슬픔을 잊기 위해 동쪽으로 계속 걸어갔습니다. 해가 질때쯤 어느 산에서 멈췄는데, 그 산이 지금의 검단산입니다.

검단산에서 검단선사가 도를 닦으며 생활했던 곳은 쌀이 나온다는 전설이 있는데요. 검단선사가 그 쌀로 떡을 만들어 보따리에 넣어두었습니다. 나들이 할 때, 배가 고프지 않도록요! 금강산도 식후경! 든든하게 드시고 즐거운 날이 된다면 검단선사도 행복해 하실 거예요!

검단할망은 검단산에 살고 있는 신기하고 이상한 할머니입니다. 약 100년 전, 덕풍동 한 가정집에서 여섯 살 된 딸'간난이'가 사라지는 일이 발생했습니다. 5일동안 아무리 찾아도 보이지 않다가한 나무꾼이 검단산에서 간난이를 찾았습니다. 간난이는 어떤 할머니가 자신을 검단산에 데리고 와 다래와 머루도 주고, 재워주었다고 말했습니다. 간난이는 그렇게 집에 무사히 돌아갔습니다.

검단할망

아이를 좋아하는 검단할망이 심심해서 간난이를 검단산에 잠시 데리고 갔던 일화입니다. 지금은 하남시 전설로 남아있어요. 검단할망은 이후에도 종종 아이와 함께 놀고 상처 없이 집으로 돌려보냈습니다. 여러분이 하남을 둘러본다는 소식을 듣고 검단할망이 음료와 사탕을 넣어두었습니다! 검단할망이 좋아하는 포도맛으로 챙겨주었어요.

콘텐츠를 제작하며 활용한 모든 자료의 출처

1) Flaticon 활용
: 벡터 아이콘 image: Flaticon.com

2) 미리캔버스 활용
:모든 글꼴, 모든 벡터 이미지, 엽서카드 템플릿

3) 하남시청 홈페이지_https://www.hanam.go.kr/www/index.do
: 하남시 캐릭터, 문화행사 소개, 하남시 관광명소 기본 정보, 하남시 전자지도, 하남시 관광안내도

4) 네이버 지도_map.naver.com
: 경기도 하남시 지도 사진 활용

5) 경기사랑 대학생 창작콘텐츠(UCC) 공모전 홈페이지
_http://www.gyunggiucc.com/
: 공모전 홍보 포스터 이미지

6) 본인 출처
: 미사 호수공원/하남역사박물관/미사경정공원 등 장소 사진, 굿즈 제작 실물 사진, 캐릭터 그림

참고문헌

김부식, 『삼국사기』2, 한길사, 1998.
하남시, 『하남의 맥』, 하남시, 1997.

저자 소개

"바다에 가고 싶어요. 여행이 간절한 이지우입니다."

2000.12.04
한국어문학과
(복수전공:미디어커뮤니케이션학과)
ljw6479@naver.com

수업을 진행하면서 공모전도 나가고, 제가 살고 있는 하남시의 굿즈도 제작해보는 등 많은 활동을 했습니다. 당시에는 다른 수업 시험 기간과 겹쳐 힘들기도 했지만, 지금 돌이켜보면 그만큼 많은 걸 얻어간 수업이라고 생각합니다. 매 수업시간마다 열정적으로 강의해주시고, 콘텐츠 제작하면서 많은 피드백을 주신 교수님께 정말 감사드립니다. 같이 수업 들었던 학우분들도 함께 책 집필이라는 목표로 달려왔기에 이러한 결실을 맺었다고 생각합니다. 좋은 추억과 경험이 되었습니다.

경기 남부

호랑이의 마을, 안양시 범계동

—

송도훈

　내가 사는 마을은 경기도 안양시 동안구의 호계동이다. 호랑이가 많이 있던 계곡이라는 데에서 지명이 유래됐다. 호계동과 바로 인접한 범계동도 있는데 원래는 하나의 호계동이었다. 1992년에 행정단위가 분리되었는데, 호계동의 유래를 따르면서 지명을 구분하기 위해 호랑이의 우리말인 범을 사용해 범계동이라 부르게 되었다.

안양에서 놀고 싶다면 범계역으로 오라!

범계역을 잘 모르는 사람들에게는 이곳이 단순히 지하철역 중 하나라고 생각할 수도 있을 것이다. 하지만 범계역은 전국 10대 상권으로 불릴 정도로 발달된 곳이다. 범계역 앞 백화점부터 대로까지 직선으로 뻗은 400m가량 구간들을 범계역 상권이라 부르는데, 단순히 음식점들만 들어선 먹자골목이 아니라 다양한 업종의 가게들이 밀집해 있다. 또한 도시 대부분은 공공기관이 몰려 있는 행정지구와 상권이 발달한 상업지구가 분리된 경우가 많지만, 범계동의 경우 하나로 묶여있는 것이 특징이다.

범계역 상권은 인접한 평촌과 인덕원은 물론 안양, 의왕, 과천, 군포 등 인근 도시에서 가장 규모가 큰 대체 불가 상권으로 통한다. 범계역과 같은 구조의 평촌역 로데오 거리는 술집 및 유흥업소 위주로 상권이 발달해 낮에는 한산한 편이며, 인덕원 상권의 경우 오래된 건물과 유흥주점이 많아 젊은 세대보다 50대 이상이 많이 찾는다. 안양의 핵심 상권이었던 안양 1번가 역시 과거에는 10대와 20대가 많이 찾던 젊은 거리의 상징이었으나 이곳을 찾던 이들이 점차 범계역으로 이동하고 있다. 지하철, 버스 등 대중교통 노선이 범계역 주변으로 발달하면서 이동이 쉬워진 것도 범계역 상권 활성화의 이유로 꼽힌다.

〈범계역 로데오거리 지도〉

호랑이와 긴밀한 범계동의 전설들

〈태조 이성계와 호압사 이야기〉

　태조 이성계가 조선을 건국하고 얼마 후 경복궁을 짓기 시작했다. 그런데 이상하게 궁이 완공될 즈음이 되면 하룻밤 사이에 건물이 허물어지는 것이 반복되었다. 이러한 일이 반복되자 목수들이 무서워하며 도망치기 시작했다. 도망간 목수들을 괘씸하게 여겨 잡아 문초를 했는데 모두 같은 말을 했다. 궁이 완성될 때가 되면 밤에 큰 호랑이가 나타나 궁궐을 부수고 사라진다는 것이었다. 이 말을 이상하게 여긴 이성계는 한 고승을 찾아가 해결 방법을 물어보았는데, 그 고승이 한강 남쪽의 봉우리를 가리키며 "저기 저 산이 호랑이 형상을 하고 궁궐터를 굽어보고 있어 이상한 일이 생기는 것입니다. 호랑이는 꼬리를 밟히면 꼼짝을 못하는 짐승이니, 산의 꼬리 부분에 절을 지으십시오."라고 했다. 이에 이성계는 고승이 알려준 위치에 절을 짓고 호랑이를 밟는다는 의미로 호압사라 이름을 정하니, 순조롭게 경복궁을 지을 수 있었다고 한다. 호압사는 서울시 금천구에 있지만, 안양과 인접하여 관련된 이야기가 안양에서도 많이 전해진다.

　이 외에도 호랑이에게 잡아먹힐 뻔했던 인물들이 기지를 발휘해 위험에서 벗어나는 등 다양한 호랑이와 관련된 전설들이 전해져 내려오고 있다. 재밌는 점은 우리에게 잘 알려진 호랑이와 곶감 이야기도 안양의 전설 중 하나로 전해져 내려오고 있다는 것이다. 호랑이는 우리나라를 대표하는 동물이다 보니 전설에 자주 등장하는데, 이것이 지역적 특색과 결합된 결과가 아닌가 싶다.

공모전 이름 : 내가 만드는 우리동네-콘텐츠 기획안 공모전

참가대상 : 대한민국 국민 누구나

공모주제 : 프로그램 기획안

공모형식 : 공모 분야에 맞는 기획안 제작

작품규격 : 지역성을 고려한 참신하고 독창적인 프로그램

고전을 활용한 마을콘텐츠 제작과정

1단계 : 호랑이 하면 떠오르는 것

위에서도 설명했듯 지명이 호랑이와 관련이 있으며 지역전설 또한 호랑이가 등장하는 것들이 많았다. 따라서 지역성을 가장 잘 나타내는 것이 호랑이라 생각하고 호랑이 하면 떠오르는 것들을 생각해 보았다. 사람마다 다양한 생각을 할 수 있겠지만 그중 내가 떠올린 것은 '호랑이형님'이라는 웹툰이다.

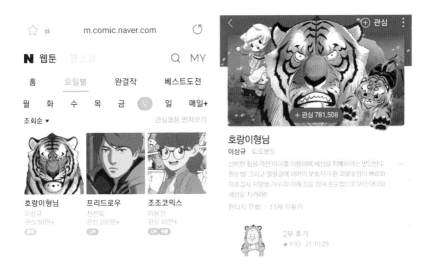

요즘 웹툰을 즐겨 보는 사람이 늘고 있다. 스마트폰의 발달로 접근이 쉬워졌으며 대부분 무료로 이용할 수 있기 때문이다. 그중에서도 '호랑이형님'은 대표적인 인터넷 포탈의 네이버에서 요일분야 조회 수

1위를 기록하고 있는 작품이다. 현재 작품이 휴재중 임에도 불구하고 말이다. '호랑이형님'은 호랑이를 주인공으로 하는 한국 배경의 시대적 판타지이다. 2015년도 오늘의 우리만화 다섯 편 중 하나로 선정되기도 했으며, 한국콘텐츠대상 한국콘텐츠진흥원장상을 수상하기도 했다. 특히 상대적으로 낮은 연령층의 독자들을 겨냥한 내용의 웹툰들이 많은 반면, 이 작품은 3~40대의 연령층에서도 큰 인기를 누리는 등 많은 연령층에서도 큰 인기를 누리는 작품이라는 의의가 있다. 따라서 웹툰과 콜라보하여 프로그램을 제작한다면 시청자들의 연령층 또한 한정되지 않고 넓을 것을 기대할 수 있다.

2단계 : 프로그램 콘텐츠 기획안

프로그램과 웹툰을 결합시켰던 예시는 한때 많은 인기를 얻었던 '무한도전'이라는 프로그램이 있다. 출연진들은 게스트로 등장한 웹툰 작가들과 함께 자신만의 웹툰을 그렸으며, 이를 네이버웹툰 사이트에 직접 투고하여 인기를 얻었었다. 이에 착안해 앞에서 언급했던 '호랑이형님'의 작가를 초대하여 비슷한 형식으로 진행해 보면 좋지 않을까 생각해 본다. 하지만 대상은 프로그램의 출연진이었던 연예인들이 아닌, 지역의 시민들을 대상으로 하는 것이다. 시민들이 직접 자신만의

만화를 그려보는 것이다.

참여할 시민들을 응모를 받아 선정하고, 만화를 그리는 과정을 프로그램으로 제작하면 어떨까 한다. '호랑이형님'의 작가 또한 프

로그램에 등장해, 호랑이와 많은 관련이 있는 범계동을 배경으로 만화를 그린다. 별개로 만들어진 만화들은 시청이나 구청의 홈페이지에 지역의 홍보물로도 사용할 수 있을 것이다. 또한 시민들이 만화를 보면서 흥미로웠던 점 등을 함께 공유하고 궁금했던 점들을 작가에게 질문하는 등, 작가와 Q&A로 소통하는 과정 역시 프로그램으로 만들 수 있을 것이다.

하지만 막연히 호랑이와 관련된 만화를 그리고 하면 어려운 점이 있을 것이다. 그렇기에 앞에서 소개했던 안양시의 호랑이와 관련된 전설들을 예시로 보여주고, 이를 바탕으로 만화를 그리게 하는 것이다. 위의 사진은 안양시에서 무료로 배포하고 있는 '안양 스토리북'이라는 책의 내용 중 하나이다. 이것만 보더라도 호랑이와 관련된 전설들이 다양함을 알 수 있다. 전설의 내용을 그대로 차용해 만화를 그려도 좋을 것이고, 전설을 패러디해 만화를 그릴 수도 있다. 예를 들자면, 호랑이를 상대하는 인물들을 보며, '나라면 어땠을까?'하고 전설의 내용을 각색해 보는 것이다.

콘텐츠를 제작하며 활용한 모든 자료의 출처

1) 네이버웹툰 홈페이지_https://comic.naver.com/webtoon
: 웹툰 호랑이형님 정보와 사진

2) 네이버지도_https://map.naver.com
: 범계역 사진

3) 안양시청 홈페이지_https://www.anyang.go.kr/
: 안양시 지명유래 정보

4) 옛능 : MBC 옛날 예능 다시보기_
https://www.youtube.com/watch?app=desktop&v=cV8srEt0-ms&feature=e
mb_title : 예시로 든 무한도전 정보와 사진

5) 위비티 홈페이지_www.wevity.com : 공모전 정보와 사진

6) 푸드 뱅크 기사_
http://month.foodbank.co.kr/include/print.php?secIndex=5800
: 범계역 정보와 사진

7) 본인_범계동 사진

참고문헌

안양시, 『안양 스토리 북』, 안양시청, 2018.

저자 소개

"책을 좋아하는 미래 출판사 사장 송도훈입니다."

1996.05.20
한국어문학과
vxsvxs0038@naver.com

　강의가 아니었다면 관심이 없었을 지역의 전통과 문화에 대해 알아보는 좋은 시간이 되었다고 느낍니다. 특히 내가 사는 곳이 호랑이와 관련이 많아 이 호랑이를 지역콘텐츠의 핵심으로 삼았는데, 마침 2022년이 호랑이의 해라고 합니다. 강의를 시작할 때는 9월 초라 몰랐던 정보인데 연말이 되니 알게 되었습니다. 우연인지는 모르겠지만 무언가 신기한 느낌이 듭니다. 이번 학기 이 수업을 마지막으로 졸업을 하게 되는데, 재미있는 경험이 되었습니다.

작은 도시 속 숨겨진 큰 관광지, 경기도 과천

임세아

나는 과천에서 태어나 지금까지 살고 있다. 과천은 관광지로 유명하지 않은 마을이지만, 알고 보면 과천에는 볼거리가 많다. 가장 대표적으로는 관악산이 있다. 주말이면 과천에는 등산하기 위해 온 관광객들로 바글바글하다.

그 밖에도 온온사(穩穩舍), 과천 향교, 서울랜드 등 다양한 볼거리와 놀거리가 있다. 나는 과천 토박이로서 사람들에게 잘 알려지지 않은 볼거리와 맛집을 소개하려고 한다.

다양한 볼거리를 한 번에 경험하고 싶다면 관악산으로 가자.

관악산은 서울시 관악구와 경기도 안양, 과천시에 걸쳐 있는 산으로 그 꼭대기가 마치 큰 바위기둥을 세워 놓은 모습과 같아 '갓 모습의 산'이란 뜻의 갓뫼 또는 관악이라고 한다. 또한 관악산은 빼어난 수십 개의 봉우리와 바위들이 많고 오래된 나무와 온갖 풀이 바위와 어울려서 철 따라 변하는 산 모습이 마치 금강산과 같다 하여 소금강 또는 서쪽에 있는 금강산이라 하여 서금강이라고도 한다.

관악산은 서울 경복궁의 조산(朝山) 또는 외안산(外案山)이 되는데, 산봉우리의 모양이 불과 같아 풍수적으로는 화산이 된다. 따라서 이 산이 바라보는 서울에서 화재가 잘 난다고 믿어 그 불을 누른다는 상징적 의미로 산꼭대기에 못을 파고, 경복궁의 정문인 광화문 옆 양쪽에 불을 막는다는 상상의 동물인 해태를 만들어 놓기도 했다고 한다.

나는 관악산 등산하는 것을 좋아하는데, 특히 겨울에 등산하는 것을 좋아한다. 관악산은 돌산이라 등산의 난이도가 높은 편은 아니다. 그래서 가벼운 기분으로 등산가기에 좋다.

과천의 맛집은 어디에?

과천에는 맛집이 많다. 나는 먹는 것을 굉장히 좋아하기 때문에 과천 내에 있는 맛집은 거의 다 방문해보았다. 내가 방문했던 많은 맛집들 중 가장 좋았던 두 곳을 소개하고자 한다.

첫 번째는 과천에서 인덕원으로 넘어가는 길목에 위치한 〈bB coffee〉이다. 비비커피는 크로플을 판다. 크로플은 아이스크림 한 스쿱과 함께 나온다. 크로플 위에 뿌려진 메이플 시럽과 시나몬은 아이스크림의 달달한 맛과 조화를 이뤄 매우 맛있다.

그 밖에도 다양한 브런치 메뉴와 디저트들이 있으니 과천에 오면 한 번쯤 방문해보는 것을 추천한다.

씨푸드크림리조또   시저샐러드

두 번째는 과천정부청사 역에 3분 거리에 위치한 〈빈체로파스타〉이다. 빈체로파스타는 가격이 7,800~13,800원 선이다. 맛과 분위기도 좋아 과천 주민들에게는 많은 입소문이 나 점심시간이나 주말에 가면 기다리는 시간이 필요하다. 나는 빈체로파스타에서 특히 씨푸드 크림 리조또를 좋아한다. 통새우와 꾸덕한 크림이 조화를 이루어 먹고 나면 계속 생각나는 맛이다.

관악산 연주대의 전설

 앞서 소개한 우리 마을의 볼거리, 관악산과 얽힌 많은 전설이 있다. 관악산의 대표 명소로는 연주대와 연주암이 있다. 연주대는 관악산의 봉우리 중에 죽순이 솟아오른 듯한 모양을 한 기암절벽이 있는데, 그 위에 석축을 쌓고 자리 잡은 암자를 연주대라 한다. 원래는 의상대사가 문무왕 17년에 암자를 세우면서 의상대라 불렀는데, 고려 멸망 후 조선을 반대하던 유신들이 이곳에 모여, 지난 시절을 그리워했다고 하여 연주대로 고쳐 부르게 되었다고 한다.

 연주암은 관악산 연주봉 남쪽에 자리하고 있다 관악산을 즐겨 찾는 이들에게는 잘 알려져 있는 사찰이며, 해발 629m의 기암절벽 정상에 위치한 연주대와 함께 관악산의 명소로 손꼽힌다. 이 연주암의 이름에는 전설이 있다. 의상대사가 677년 의상대 아래에 관악사를 창건하였고, 조선 태종 11년, 동생인 충녕에게 왕위를 양보한 양녕과 효령대군이 이곳에 머물며 현재의 위치로 관악사를 옮기고 연주암으로 이름을 바꾸었다고 한다. 전설은 다음과 같다.

〈『전설지(傳說誌)』, 경기도〉
 관악의 상봉(上峯) 연주봉(戀主峰)을 배후에 지고 유수첩첩(幽邃疊疊)의 심곡(深谷)을 내려다보는 위치를 점했을 뿐만 아니라 사정(寺庭)에서 조망(眺望)되는 빼어난 봉우리마다 기암(奇岩)이요, 괴석(怪石)으로 이루어진 연주암(戀主庵)은 사사(寺史)로나 웅대함으로나 삼막(三幕)과 비기는 거찰(巨刹)이다.
 연주암(戀主庵)의 역사는 1,320여 년 전 신라 30대 문무왕(文武王) 17년에 의상대사(義湘大師)가 창건했으며, 창사(創寺) 당시의 사명(寺名)은 관악사(冠岳寺)인데, 위치는 현재의 자리가 아니었다.

지금으로부터 570여 년 전 조선 제3대 태종(太宗) 11년에 태조의 제일·제이 왕자인 양녕대군(讓寧大君)과 효녕대군(孝寧大君)이 현재의 자리로 이사(移寺)시킨 것이다.

효령대군(孝寧大君)이 특히 관악사(冠岳寺)로 이사(移寺)를 하도록 뜻한 데에는 남모르는 슬픔이 있었다.

태조(太祖)가 제일, 제이의 왕자를 비켜놓고 제삼자(第三者)인 충녕대군(忠寧大君)에게 전위(傳位)할 뜻을 가지고 있음을 눈치채고, 양 대군은 서로 손을 잡고 눈물을 머금으며 왕궁(王宮)을 벗어나 발길 닿는 대로 방랑의 길을 떠났던 것이다.

상심한 두 왕자는 민가에서 우로(雨露)를 피하거나, 혹은 산정에서 날을 밝히며 형은 아우를 아우는 형을 서로 위해 가며 산에서 산으로 헤매기를 여러 달이 지나 문득 발을 멈춘 곳이 관악산정(冠岳山頂)이었다. 그런데 두 왕자는 보지 않고 생각지 않으려면 왕궁(王宮)이 바로 내려다 보이는 산정(山頂)보다는 왕궁이 보이지 않는 관악사(冠岳寺)에 들어가 수도(修道)를 함이 나을 것이라고 생각했다.

그러나 잊으려고 할수록 나타나는 왕좌(王座)에의 애련한 추억과 동경의 정을 누를 길이 없어 동봉(憧峯)으로 절을 옮기려고 지금의 자리로 이사(移寺)를 시켰다. 그렇지만 두 왕자의 발길은 언제나 산정(山頂)으로 옮겨졌다. 그리하여 세인(世人)이 이 두 왕자의 심경(心境)을 아로새겨 관악산정(冠岳山頂)을 연주대(戀主臺)라 불렀으며, 사명(寺名)도 모르는 사이에 연주암(戀主庵)으로 지칭하게 되었다.

제일 왕자 양녕대군은 왕위를 단념했지만, 효령대군은 끝내 왕위에 대한 정을 못 잊어 관악산(冠岳山)을 떠나기까지 했으나 끝내 왕좌에 앉아보지 못한 채 원한이 서린 관악산록(冠岳山麓)에 묻히고 말았다.

사사(寺史)에는 여말(麗末)의 두문동(杜門洞) 72인(人)으로 서견(徐甄), 남을진(南乙珍), 강득용(康得龍) 등이 이성계의 모반에 반감을 품고 관악(冠岳)에 들어갔다 하나 서견(徐甄)만이 있고 나머지는 실기(實記)에 없으니 오전(誤傳)이 아닌가 한다. 어쨌든 이 주봉(主峯)에서 여말선초

(麗末鮮初)의 불평객들이 주(主)를 그리워했다고 하여 연주봉이라고도 전해져 온다.

이런 관악산 연주암의 재미있는 전설을 소개하기 위해 〈위트립 SNS 콘텐츠 공모전〉에 참가해 두 가지 콘텐츠를 만들었다.

공모전 소개

공모전 이름: 위트립 SNS 콘텐츠 공모전
참가대상: 연령 / 학력 / 자격 제한없이 누구나 참여 가능
공모주제: 동행과 관련된 개성있고 창의적인 콘텐츠
　　　　　동행문화를 알릴 수 있는 독창적인 콘텐츠
공모형식: 사진, 카드뉴스, 웹툰, 직접 제작한 5분 이내의 영상
작품규격: PNG, JPG AVI MP4형식 1920*1080(HD)pixel

1) 카드뉴스 제작

작품명: 마을 전설과 함께하는 여행 동행

카드 뉴스 페이지: 6 페이지

카드뉴스 한 줄 소개: 위트립으로 전설을 활용해 주도적인 여행을 하는 방법을 소개하는 내용이다.

작품설명: 주도적인 여행을 하는 방법을 세 번의 순서로 나누어서 소개하고 관악산 연주암에 관한 전설을 소개하였다. 그리고 위트립을 활용해 동행과 함께 전설을 활용하여 주도적인 여행을 하는 방법을 제안하였다.

제작 과정: 관악산을 직접 등산해서 관악산 정상에 있는 연주암의 사진을 찍었다. 그리고 연주암 사진 위에 전설을 재현하는 방법의 예시를 그렸다. 전설을 재현하는 방법을 제시하는 사진에 그린 그림은 어도비(Adobe)의 '일러스트 2021'을 사용했다.

2) 과천시 관광 굿즈 기획 및 제작

굿즈 이름:

굿즈 소개: 과천의 심볼마크에서 착안한 캐릭터이다.

굿즈 기획 배경: 과천의 나비 모양 심볼마크를 활용하여 다양한 매력을 지닌 과천 캐릭터로 제작하였다. 청록색은 과천시민을 뜻하고 청색은 세계인을 주황색은 세계인과 함께 발전하는 과천을 의미하며, 세계 속의 일류도시로써 비상하겠다는 포부를 지닌다고 한다.

굿즈 제작 결과: 손쉽게 들고 다니며 과천을 홍보할 수 있도록 캐릭터를 거울로 제작했다.

콘텐츠를 제작하며 활용한 모든 자료의 출처

1) 과천 시청 문화·관광 홈페이지_https://www.gccity.go.kr/main.do
: 과천시 심볼, 과천시 캐릭터, 과천시 전설

2) 관악산 기사_
http://www.goyang1.com/news/articleView.html?idxno=10554
: 관악산 관광지 기본 정보, 관악산 관광 안내 지도

참고문헌

과천문화원, 『과천 민요 민담』, 과천문화원, 1995..

"선의의 옹호자 INFJ, 창작 일을 하고 싶은 임세아입니다."

1997.08.09

한국어문학과 (부전공: 시각디자인과)

dlatpdk0809@naver.com

수업을 듣고 과제를 하며 과천시에 대해 새롭게 알게 되어 많아 뜻 깊었습니다. 특히 과천시 홈페이지를 한 번도 방문해본 적이 없었는데 과제를 하기 위해 방문해보니 다양한 전설이 보기 쉽게 정리되어 있고, 재미있는 전설도 많아서 전설을 읽어보며 과천에 대한 애정이 생겼습니다. 그리고 관악산을 갈 때에도 전설을 알고 가니 더 의미가 있었습니다. 여러분도, 만약 한 번도 자기가 사는 시의 홈페이지를 들어가 본 적이 없다면, 한 번 들어가서 마을의 전설을 구경해보는 것도 좋은 것 같습니다.

사라진 교과서 '도덕'을 되새겨볼 수 있는
경기도 광명

–

이은서

서울 사람이라면 누구나 높은 집값에 고통받고 있으리라 생각된다. 그렇다고 경기도 외곽으로 나가기엔 직장과 인프라의 중심인 서울에서 지나치게 멀어져, 통근으로만 하루 4시간을 쓰는 사람이 될지도 모른 다. 그런 점에서 경기도 광명시는 완벽한 도시이다.

우선 위쪽과 오른쪽으로 서울시 구로구와 금천구, 두 동네와 맞닿아 있어 서울과 지리적으로 굉장히 가깝다. 앞서 제목으로 소개하였듯 전화번호를 시작할 때 02를 쓴다는 점도 광명과 서울시의

〈구글 지도 상 광명시〉

지리적 이점을 톡톡히 드러내고 있다. 보통 경기도는 031을 쓰기 때문이다. 현재 나는 경기도 광명시 소하동에 거주하고 있으며, 어린 시절에는 하안동에 거주했었다. 두 장소 모두 좋았으나, 개인적으로는 역과 근접한 하안동이 이동에는 수월했던 것 같다.

놀러 오세요, 광명동굴로!

광명동굴은 몇 해 전부터 광명시가 가장 열심히 알려온 관광 명소이다.

단순한 동굴로 생각하기보다는 동굴을 기초로 다양한 문화 예술 체험이 가능한 공간을 조성했

다고 보는 편이 좋다. 과거에 한 번 가보았을 때에는 위의 사진처럼 스테이지를 중심으로 동굴 내부 환경이 보기 좋게 구성되어 있었다. 하지만 최근 다시 살펴본 바로는 동굴 내부 관광뿐만 아니라 동굴 내부에서 와인을 파는 스토어, 동굴 바깥 스테이지, 타 작가와의 콜라보 전시 등이 활발하게 이루어지고 있었다.

많은 기대를 하고 간다면 자칫 실망할 수도 있겠지만, 동굴이라는 색다른 장소를 현대적 감각으로 맛보고 싶다면 광명동굴을 적극 추천한다!

우리동네 맛집

맛집이라는 거창한 표현을 써도 되나 고민했지만, 입맛이 맞는 사람이라면 누구나 만족할 수 있는 광명시의 맛집을 짧게 소개하고자 한

다. 우선 개인적인 입맛을 소개하자면, 해조류만 조금 거북하게 생각하는 전형적인 한국인 입맛이다. 끼니 때마다 김치를 먹을 수 있음에 행복해하는 한국인 말이다! 덤으로 매운맛도 좋아하지만, 이번 맛집 기준에는 들어가지 않았다.

〈전주 콩뿌리콩나물국밥〉

〈구름산추어탕〉

소개할 맛집은 두 곳으로 모두 국밥집이다.

우선 첫 번째 맛집인 '전주 콩뿌리콩나물국밥'은 마을에서 가장 유명한 산 중 하나인 구름산 앞에 위치해 있다. 그렇다보니 한 시간 반 정도 느긋한 등산 이후 내려와 뜨거운 밥을 먹을 때 가장 좋은 집이다. 등산 이후엔 뭘 먹어도 맛있지 않느냐, 라고 생각할 수도 있지만 콩나물이 신선하고 각종 두부 요리도 맛있는 부모님표 찐맛집이다.

두 번째 맛집은 '구름산추어탕'이다. 오랜 기간 안정적인 맛으로 마을에서 사랑받았다. 무엇보다 서비스로 맛보기 보쌈을 준다. 추어탕과 고기 그리고 김치&깍두기가 여기보다 맛있는 집은 아직 찾지 못했다. 혹시 추어탕이 어떤 맛인지 모르는 사람이 있다면 꼭 이 집에서 처음으로 맛을 봤으면 좋겠다.

마을 교가에 빠지지 않는 도덕산의 전설

이제 제대로 된 전설이 얽혀있는 마을 명소를 한 곳 소개해 보고자 한다. 토지의 70%가 산이라고 하는 대한민국에서 동네 뒷산은 교가에서 빠지지 않는 요소이다. 광명도 다르지 않다. 대표적인 산으로는 구름산, 가림산, 도덕산이 있다. 그중에서도 내가 나온 초등학교에서는 도덕산 정기를 받는다고 했다. 하지만 어릴 적에는 미처 알지 못했던 재미난 일화가 도덕산에 얽혀있다는 걸 알게 되었다.

〈도덕산의 전설〉

먼 옛날 지금의 도덕산 기슭에 질그릇을 만들어 파는 가난한 도공이 있었다. 도공에게는 열여섯 명이나 되는 자녀가 있어 살림이 무척 어려웠다. 어느 날 점쟁이가 다가와 "자네는 팔자가 좋아 또 장가들 들겠는데 이번에는 부자가 된다."고 점괘를 말하는 것이었다.

동네에 사는 부자 딸이 병이 들어 죽었다. 그래서 무당을 불러 굿을 했는데, 무당은 대감에게 "딸은 처녀로 죽었기 때문에 처녀 귀신이 되었어도 결혼을 시켜야 한다."고 말했다. 대감은 일꾼을 시켜 신랑감을 보쌈하여 데리고 오라고 했다. 이때 도공은 질그릇을 팔고 집으로 돌아가는 길에 잡혀 왔다. 도공은 할 수 없이 처녀 시체와 같이 신방에 들어 밤을 새웠다. 대감은 도공에게 많은 재물을 주어 집으로 돌려보냈다.

그리고 나서 딸의 장례를 지냈다.

　어느 날 집으로 돌아오는 길에 도공은 너무나 피곤하여 도덕산 기슭에 있는 어느 무덤 앞에서 잠이 들었다. 잠에서 깨어 보니 죽은 처녀의 혼백이 나타나서 하는 말이 "저는 비록 죽은 몸이지만 서방님과 부부가 되었으니 한을 풀었습니다. 이제 저의 무덤에 제사를 지내 주신다면 그 은혜는 잊지 않겠습니다."라고 말하고 사라졌다. 꿈에서 깨어난 도공은 자기가 도덕산 기슭에서 잠을 잔 곳이 처녀의 무덤이었다는 것을 알았다. 그는 그 후 부부로서 할 바를 해주었다. 그 후 사람들은 이 처녀가 묻힌 산을 부부 인연의 소중함을 가르쳤다 하여 도덕산이라 불렀다고 한다.

　도덕산의 탄생 설화를 보고 제일 처음 생각해 보았던 점은 바로 부잣집 처녀에 대한 것이었다. 처녀가 왜 죽었을지, 어떤 사람이었을지, 도공은 과연 돈을 받고 만족했을지……. 많은 고민을 한 끝에 설화 속 캐릭터들을 개인적인 해석에 맞춰 재창작하여 소설 작품을 만들어 보기로 결심하게 되었다.

공모전 소개

'한국소설신인상' 작품모집

월간 「한국소설」은 국내 유일의 소설 전문지입니다.
역량 있는 소설가를 발굴, 선양하기 위하여 '한국소설신인상' 작품을 모집합니다.

*모집 요건
- 작품 분량 : 단편소설 - 80매 내외 1편
  중편소설 - 250매 내외 1편
- 접수 마감 : 3, 6, 9, 12월 말까지 등기 우편 접수
- 원고 작성 : A4용지에 한글 11포인트로 작성
- 인적 사항 : 성명(필명 구분), 연락처, 주소 명기
- 보내실 곳 : (04175) 서울특별시 마포구 마포대로 12, 한신빌딩 302호.

*심사 일정
- 작품 심사 : 예심 본심 후 당선작 결정
- 당선 발표 : 1, 4, 7, 10월 중
- 시상 및 대우 : 상패, 소정의 고료, 기성작가로 대우
- 작품 게재 : 「한국소설」 2, 5, 8, 11월 호

*기타
- 응모작은 미발표, 순수 창작 소설이어야 합니다.
- 원고는 200자 원고지 기준입니다.
- 응모하신 원고는 반환하지 않습니다.
- 표절 또는 저작권 문제가 발생할 경우 필자 본인이 모든 법적 책임을 져야 합니다.
- 전화: 02)703 - 9637
맥스: 02)703 - 7055
이메일 : novel2010@naver.com

공모전 이름: 한국소설신인상
참가대상: 성인 대상(대학생, 대학원생, 일반인)
공모주제: 역량 있는 소설가를 발굴, 선양하기 위해 작품을 모집함.

공모형식: 단편소설, 중편소설
작품규격:
단편소설- 200자 원고지 기준 80매 내외 1편
중편소설- 200자 원고지 기준 250매 내외 1편

경기 남부 · 광명 | 이은서

고전을 활용한 마을콘텐츠 제작과정

1) 공모전 출품 소설 창작

작품명: 〈여름 산의 정경〉

단편 소설 부문 참여

작품 분량: 200자 원고지 기준 86매

소설 한 줄 소개: 소설에 재능은 없지만, 흥미가 있던 소년과 글쓰기에 재능은 있으나 도전할 수 없었던 소녀의 이야기.

작품설명: 주인공 '소년(정경)'은 어릴 적부터 타인과의 교류보다는 혼자만의 상상 세계에 빠져 산 인물이다. 풍부한 상상력은 좋았으나 이를 표현할 줄을 몰라 저만의 세상에 갇혀 살게 되었고, 이를 안쓰럽게 여긴 부모님의 충고로 인해 소설 창작을 시작하게 된다. 처음에는 단순히 자신의 상상을 표현하는 방법일 뿐이었다. 하지만 가영을 만나 글을 읽고, 상상이 아닌 현실의 풍경을 보며 많은 것을 배우며 소설을 쓴다는 것에 대해 진지한 관심을 갖게 된다.

가영은 주인공과 정반대의 인물이었다. 상상하진 못하나 직접 눈으로 보고 배우는 사람으로 주인공에게 많은 것을 알려준다. 하지만 점차 주인공과 자신의 입장 차이에 불만을 가지게 되고 이후 자신의 이루지 못한 꿈과 함께 주인공과 인연을 끊는다.

주인공은 도공과도, 처녀와도 다른 선택을 한다. 그는 가영이 자신과 멀어질 수밖에 없었음을 받아들이며 한층 성장하며 작품은 끝을 맺는다.

제작 과정: 처음 작품에 대해 고심할 때에는 우선 인물을 분석하는 것에서부터 시작하게 되었다. 어째서 도공인지, 어째서 부잣집 처녀인

지. 그 과정에서 '예술'과 '꿈'이라는 부분에 집중하게 되었다.

우선 도공의 경우 질그릇을 만들어 판다는 점에서 어떤 의미의 예술계 종사자인 캐릭터라고 생각했다. 그리고 열여섯 명이나 되는 아이들을 먹여 살리느라 가난하다는 것은 그가 자신의 작품, 즉 예술성에 있어서는 부족하지만, 자신의 것을 아끼는 사람이라고 확대해석해볼 수 있지 않을까 생각해 보았다.

이후 처녀의 경우는 죽음으로 꿈이 좌절된 캐릭터라고 보았다. 전설 속에서는 당대 사회인식에 따라 처녀의 좌절된 꿈이 '혼인'으로 나온다. 하지만 현대의 사회인식에 맞춰 처녀에게도 제대로 된 장래희망 등 꿈이 있지 않을까 생각해 보게 되었고, 이는 앞서 나온 캐릭터인 도공에 맞춰 예술의 꿈으로 가정해보았다.

이러한 캐릭터의 특성 및 갈등을 생각한 이후, 원문을 그대로 옮기는 것보다는 해당 전설을 소재로 차용한 소설을 쓰는 편이 더 흥미로울 것이라고 생각하게 되었다.

콘텐츠를 제작하며 활용한 모든 자료의 출처

1) 구글 지도 활용
:경기도 광명시 지형 사진.

2) 광명동굴 홈페이지_https://www.gm.go.kr/cv/index.do,
:광명동굴 정보와 내부 사진.

3) 본인
:전주 콩뿌리콩나물 국밥 소개 사진, 구름산추어탕 소개 사진, 도덕산 정상 정자 소개 사진.

참고문헌

경기문화재단, 『경기도 역사와 문화: 설화와 민담』, 경기문화재단, 2010.

저자 소개

"음악 감상과 독서를 좋아하는 INFP 이은서입니다."

1999.01.26
한국어문학과
chocoeslee@naver.com

현재 4학년으로 마지막 학기 중이었는데, 그래도 졸업 전에 알찬 전공 수업을 듣고 가고 싶어서 '고전과 문화콘텐츠'를 수강하게 되었던 것 같습니다. 콘텐츠라는 것에 대해 새롭게 배우는 기회를 가질 수 있어 기쁩니다. 특히 수업에서 끝나지 않고 공모전 작품 하나를 만들 수 있었다는 점이 대단했던 것 같아요. 이전에는 아무 생각 없이 산책 겸 다니던 산의 유래를 알고, 전설을 공부할 수 있어 즐거웠습니다. 앞으로도 많은 이야기를 보며 공부하고 싶어요!

주바다   힐링 마을, 경기도 가평

유다슬   다양한 먹거리, 경기도 의정부

최명경   강원도 하면 감자? 아니죠~ 홍천이죠!

경기 동부와 강원

힐링 마을, 경기도 가평

주바다

내가 사는 마을은 경기도 가평군 가평읍 읍내리다. 가평은 에코피아 가평이라고 불릴 정도로 산도 많고 공기도 맑아 자연을 마음껏 느낄 수 있다. 다들 한 번쯤은 대학 MT나 당일치기 여행, 관광 목적으로 가평에 온 적이 있을 거로 생각한다.

아침고요수목원, 남이섬, 스위스 테마파크 에델바이스 등 유명한 볼거리가 참 많다. 가평 주민으로서 적극 추천하는 가평의 볼거리와 먹을거리를 소개하고자 한다.

자연을 사랑한다면 자라섬으로 오라!

자라섬은 '자라처럼 생긴 언덕'이 바라보고 있는 섬이라 '자라섬'으로 불린다는 말이 있다. 자라섬은 '자라섬국제재즈페스티벌'과 '자라섬 씽씽겨울축제'가 열리는 곳으로 유명하다. 축제가 열리는 관광지로서의 자라섬도 좋지만, 나에게 자라섬은 자연의 공기를 가장 가까이서 느낄 수 있는 공간이다.

자라섬은 동도·서도·중도·남도 4개 섬으로 이루어져 있는데 이중 남도에 2019년부터 꽃 정원을 조성해 두었다. 해바라기, 백일홍, 칸나, 핑크뮬리, 꽃양귀비, 아게라텀, 구절초 등 다양한 꽃과 식물을 가까이에서 볼 수 있다. 운이 좋으면 자라섬 곳곳에서 뛰어노는 귀여운 토끼들도 볼 수 있다. 꽃과 동물, 자연을 사랑한다면 자라섬에 꼭 한번 가보길 추천한다.

가평 맛집을 찾고 싶다면 일단 아무 닭갈비 집이나 들어가라

내 소울푸드는 닭갈비다. 원래는 다른 음식이었는데 가평 닭갈비를 맛보고 난 뒤로 바뀌었다. 가평이 춘천과 가까워서 그런지 닭갈비 집이 정말 많다. 그런데 신기한 게 그 많은 닭갈비 집 어디를 들어가도 다 맛있다. 그래서 이번에 소개할 가평 먹거리는 바로 〈내가 제일 좋아하는 가평 닭갈비 맛집 TOP2!〉이다.

첫 번째는 가평 터미널 바로 옆에 위치한 〈여흥춘천닭갈비〉다. 여흥 닭갈비는 1인분 가격이 만 원으로 주변 닭갈비 집 중에서 제일 저렴하다. 양념이 자극적이지 않아 맵고 짠 거를 잘 못 먹는다면 추천한다. 닭갈비도 닭갈비지만 여흥은 볶음밥이 소위 말하는 '찐'이다. 자극적이지 않은 양념이 철판 위에서 밥과 함께 볶아지는 순간 그 무엇보다 자극적인 맛으로 변한다. 날치알이 기본으로 들어가 있어서 밥알 사이로 스며든 고소한 감칠맛을 느끼는 사이 날치알이 혀를 톡 치고 간다. 정말……맛있다.

두 번째는 터미널 바로 뒤 라인에 위치한 〈닭갈비 타운〉이다. 닭갈비 타운은 1992년부터 가평에 있었던, 가평에서 제일 오래된 닭갈비 전문점이라고 한다. 오래되었어도 가게를 리모델링한 지 얼마 되지 않아 무척 깔끔하다. 리모델링 된 가게만큼 닭갈비의 맛도 깔끔하다. 고기가 미리 잘려서 나오지 않고 철판 위에서 직접 가위로 잘라주는 게 특징이다. 닭갈비 타운의 닭갈비에는 카레 가루가 들어간다. 카레 가루를 넣었다고 해서 카레 맛이 난다고 생각하면 오산이다. 그 향이 심하지 않아 기존의 닭갈비보다 훨씬 깔끔하고 차별화된 맛을 보여준다. 말로 다 표현할 수 없다. 이건 가서 먹어봐야 안다.

〈춘천여흥닭갈비〉　　　　　　〈닭갈비 타운〉

　두 가게 사이의 거리가 가까워서 한 곳이 영업을 안 하면 다른 한 곳으로 달려갈 수 있는 장점이 있다. 두 곳 다 영업을 안 한다면 5분이면 갈 수 있는 또 다른 닭갈비 맛집이 있다. 가평에서 맛있는 음식이 먹고 싶다면 그냥 길가에 보이는 닭갈비 집으로 들어가라. 앞서 추천한 두 곳이 아니더라도 웬만하면 다 맛있다.

보물 같은 보납산의 전설

앞서 소개한 보물 같은 가평의 볼거리와 먹거리보다 더 보물 같은 장소가 있다. 바로 진짜 보물이 묻혀 있다는 전설을 가진 보납산이다. 보납산은 전체가 거의 하나의 바위로 이루어져 있어 석봉(石峯)이라 불리기도 한다. 1599년에 가평군수로 부임한 한호(한석봉)가 당시 보납산을 수시로 오르내리며 아껴 자신의 호를 '석봉'이라 하였다는 이야기도 전해진다. 그리고 2년 뒤 한석봉이 가평을 떠날 때 자신이 아끼던 벼루와 보물을 묻어두어 '보물을 묻어둔 산'이라는 뜻에서 보납산이라 이름 붙였다고 한다.

보납산에는 한석봉과 관련된 전설뿐만 아니라 보납산 약수에 관한 전설도 내려온다. 보납산 약수에 관해서 두 가지 전설이 내려오는데, 신기한 건 똑같이 보납산의 약수를 마시고 힘이 강해진 주인공이 등장한다는 점에서 비슷한 양상을 띠고 있다. 〈보납골 약수 마신 가래와 도치〉와 〈향교리의 정장군〉이 그 주인공이다.

〈보납골 약수 마신 가래와 도치〉

조선 시대 보납산에는 작은 절이 하나 있었는데 이 절에는 가래와 도치로 불리던 스님 2명이 살고 있었다. 이들은 고기와 술을 즐기는 것은 물론 마을 부녀자들까지 희롱하는 못된 짓을 도맡아 하고 있었다. 이렇게 행패를 부릴 수 있는 이유는 그들에게는 집채만 한 바위도 들어 올릴 수 있는 특별한 힘이 있었기 때문이다.

가래와 도치의 행실이 중앙관청까지 들어가게 되고 중앙관청에서는 남이라는 현명한 관리를 보납골로 보냈다. 남이는 신분을 속이고 가래와 도치가 사는 절에 들어가 숙식을 같이하게 됐다. 어느 날, 남이는 가래와 도치가 산에 있는 바위를 들어올려 그 밑에서 솟아나는 물을 마시는 것을 목격한다. 남이는 이를 보고 풀로 빨대를 만들어 가래와 도치 몰래 바위틈에서 솟아나는 물을 마셨다. 그러자 힘이 저절로 솟아올랐고, 그 후로도 남이는 가래와 도치 몰래 계속 물을 마셨다.

마침내 가래와 도치를 충분히 벌할 수 있을 만큼 강해진 남이는 가래와 도치를 불러내 쓰러뜨리고 관가에 넘겼다. 마을은 다시 평화를 되찾았고 남이는 그 공으로 더 높은 관직에 올라 장수가 되었다.

⟨향교리의 정장군⟩

옛날 가평읍 향교리에는 정씨 성을 가진 사람이 살고 있었는데 그에게는 무척이나 약골인 아들이 하나 있었다. 정씨는 아들에게 산에서 나무를 베어오게 시켜 아들의 건강을 키우려 했다. 아들은 아버지의 명을 거부할 수 없어 나무를 하러 보납산에 올랐다.

반나절 만에 보납골에 도착한 아들은 목이 말라 머리가 핑 돌 지경이었다. 아들은 보납골에 약수가 있다는 이야기를 평소 들었던 터라 약숫물을 찾아 이리저리 헤매었다. 이윽고 바위틈에서 물이 흐르는 소리가 들려 들여다보니 약숫물이 조금씩 떨어져 내리고 있었다. 아들은 그 약숫물을 받아먹었고 그러자 갑자기 힘이 솟아올라 나무를 지게에 가득해 가지고 집으로 향할 수 있었다.

집에 거의 다 도달했을 때 아들은 낮에 먹었던 약숫물 때문에 소변이 마려워 사람이 없는 구석진 곳에서 볼일을 보게 됐다. 그런데 느닷없이 커다란 개가 아들 앞에 얼쩡거렸다. 아들은 그 개가 얄미워 한 방 머리를 때렸더니 개가 푹 하고 쓰러지더니 즉사해 버렸다. 이를 이상하게 여긴 청년이 집에 와 아버지께 사실대로 고했다. 아버지는 허약한 아들이 큰 개를 죽였을 리 없다고 여기며 아들을 따라 그 개가 죽은 곳을 가 보았다. 그런데 그곳에는 개가 아니라 호랑이가 즉사해 있었다.

그 후 정씨 집안의 아들은 보납골 약수를 먹고 점점 힘이 장사가 되어 장군으로까지 등용되었고 나라의 임무를 충실히 하게 됐다고 전해온다.

이런 보납산의 재미있는 전설을 활용해 마을 콘텐츠를 제작하면 좋을 것 같다고 생각했다. 그래서 보납산의 전설을 바탕으로 〈경기사랑 대학생 창작콘텐츠(UCC) 공모전〉에 참가해 영상 콘텐츠를 만들었으며 추가로 보납산 엽서와 신비한 힘이 깃든 보납산 약수에 소원을 빌 수 있는 사이트를 만들었다.

경기사랑 대학생 창작콘텐츠(UCC) 공모전 안내

공모전 이름: 경기사랑 대학생 창작콘텐츠(UCC) 공모전

참가대상: 전국 대학교 재학생(휴학생·유학생 포함)

공모주제: "경기도의 모든 것을 들여다 본다." ZOOM-IN 경기!

공모형식: 광고, 애니메이션, 영화, 뮤직비디오 등 제한 없음.

작품규격:

장편 부문 - 5분 이내, 해상도 1280*720 이상

단편 부문 - 1분 이내, 해상도 1280*720 이상

보납산의 전설을 활용한 마을 콘텐츠 제작과정

1) 경기도의 명인을 찾아라 -가평 보납산 편-

경기사랑 대학생 창작콘텐츠(UCC) 공모전에 장편 〈경기도의 명인을 찾아라 - 가평 보납산 편-〉을 출품했다. 〈경기도의 명인을 찾아라〉는 보납산과 관련된 전설을 재미있게 전달하는 작품이다.

보납산에 묻힌 보물을 찾으려는 '설마니'와 그를 취재하는 '경기도의 명인을 찾아라'의 '리포터'가 영상의 주된 인물이다. 리포터는 보물을 취재하기 위해 설마니와 동행하지만, 전설만 발견하면 뛰쳐나가는 설마니 덕에 보물 대신 보납산에 담긴 이야기만 함께 찾게 된다. 전설을 찾으러 다니는 설마니 캐릭터를 활용하여 '향교리의 정장군', '산신각 신비의 약수' 등 보납산의 사라져가는 전설을 재조명하였다.

촬영 과정은 가장 먼저 콘티와 시나리오를 작성했다. 그 뒤 함께 공모전에 참가한 친구와 서로의 역할을 나누었다. 나는 리포터와 한석봉, 정씨의 아들 역을 맡았다. 대본과 역할 분배가 완벽히 이루어진 다음 직접 보납산에 등산하여 본격적인 촬영을 시작했다. 카메라가 없었기에 스마트폰(아이폰12 mini)을 이용해 촬영했다. 촬영한 영상은 어도비의 프리미어프로 2021을 사용하여 편집했다.

2) 보납산 엽서 '보납산 - 보물찾기' 웹사이트

추가로 '보납산 약수에는 신비한 힘이 들어있다'는 전설의 특징을 살려 보납산 엽서 굿즈와 웹사이트를 제작했다.

엽서 앞면은 보납산 등반 당시 직접 필름 카메라로 찍은 보납산의 풍경이다. 필름 카메라는 올림푸스 스타일러스 줌 160, 필름은 코닥 골드 200을 사용했다. 엽서 뒷면은 보납산의 전설을 소개하고 큐알 코드를 삽입하여 '보납산 - 보물찾기' 웹사이트로 이동할 수 있게 만들었다. 큐알 코드는 네이버 큐알코드 사이트에서 나만의 큐알코드 만들기를 통해 만들 수 있다. 엽서 인쇄는 레드프린팅 앤 프레스 사이트에서 특가 엽서로 제작했다. 양면 인쇄를 선택하면 앞면과 뒷면의 디자인을 직접 파일로 첨부할 수 있다.

보납산의 정상

보납산 보물찾기 웹사이트는 아임웹을 통해 만들었다. 아임웹은 코딩을 할 줄 몰라도 손쉽게 웹사이트를 만들 수 있게 도와주는 사이트다. 총 3가지의 보납산 보물찾기 웹사이트를 만들었다. 정상, 약수, 보광사 샘물을 키워드로 잡아 각각 장소의 사진과 관련 전설, 전설과 관련된 소원을 빌 수 있게 작성 칸을 만들었다. 다음 큐알 코드를 통해 웹사이트에 접속할 수 있다.

보납산 보물찾기 - 정상

 보납산 보물찾기 - 약수

 보납산 보물찾기 - 보광사 샘물

아임웹에서 내 사이트에 들어가 사이트를 개설한 뒤, 더보기에서 디자인 모드를 선택하면 웹사이트의 디자인을 편집할 수 있다.

보납산 엽서와 보납산 - 보물찾기 웹사이트를 통해 보납산의 아름다운 풍경과 전설을 소개하고자 했다. 또한 신비한 힘을 가진 보납산의 약수와 보광사의 샘물, 보납산의 정상이라는 특성을 살려 이루고자하는 소원을 신비한 힘이 깃든 보납산에 빌어 전설의 재미를 더욱 강조하고자 했다.

콘텐츠를 제작하며 활용한 모든 자료의 출처

1) 경기사랑 대학생 창작콘텐츠(UCC) 공모전
홈페이지_http://www.gyunggiucc.com/
: 공모전 정보, 공모전 포스터

2) 네이버 지도_https://map.naver.com/
: 경기도 가평군 가평읍 읍내리 지도 이미지

3) [네이버 지식백과] "보납산" (한국지명유래집 중부편 지명, 2008. 12., 김기혁 외
19인)_https://terms.naver.com/entry.naver?docId=765115&cid=43740&categoryId=44178
: 보납산 정보

4) 네이버 QR코드_https://qr.naver.com/
: 보납산 보물찾기 - 정상, 보납산 보물찾기 - 약수,
 보납산 보물찾기 - 보광사 샘물 사이트 QR코드 생성

5) 레드프린팅 앤 프레스_https://www.redprinting.co.kr/ko
: 엽서 인쇄

6) 아임웹_https://imweb.me/
: 모든 글꼴, 사이트 캡처 이미지, 사이트 템플릿

7) 어도비 편집 프로그램(포토샵, 프리미어 프로) 활용
: 포토샵 - 보납산 엽서 뒷면 편집, 프리미어 프로 - 〈경기도의 명인을 찾아라 -
가평 보납산 편-〉 편집

8) 그 외 본인 직접 촬영
: 닭갈비 사진, 보납산 사진, 자라섬 사진

참고문헌

신다혜, 『가평의 사랑방 이야기 : 가평의 민담·사화·전설집』, 가평문화원, 1998.

저자 소개

"사진과 음악을 좋아하는 주바다입니다."

2000.03.02
한국어문학과
(복수전공: 미디어커뮤니케이션학과)
popobd@naver.com

  마을 콘텐츠라는 게 처음에는 막연하게만 느껴졌는데, 직접 아이디어를 내고, 자료를 찾아보고, 제작하는 과정에서 마을에 대한 지식을 얻을 수 있었고 애정이 커졌습니다. 공모전에도 나가보고, 영상 촬영과 편집, 엽서와 웹사이트 제작까지 직접 해보면서 성장의 경험치를 제대로 쌓은 것 같습니다. 좋은 기회를 주신 교수님께 감사드립니다. 고전과 문화콘텐츠를 함께 수강한 학우분들도 한 학기 동안 고생하셨습니다. 감사합니다.

다양한 먹거리, 경기도 의정부

–

유다슬

경기도 의정부 신곡동은 내가 사는 마을이다. 의정부를 소개하자면, 의정부는 경기 북부의 수도 관문으로 도봉산 아래에 위치해 서울과 굉장히 밀접한 거리에 있다. 남쪽은 서울특별시 노원구, 도봉구이며, 서쪽과 북쪽은 양주시, 동남쪽은 남양주시, 동북쪽은 포천시와 접한다. 당일 여행으로 적합한 의정부의 볼거리는 '아일랜드 캐슬', '송산 사지 근린공원', '낙양물 사랑공원', '의정부 천문대' 등이 있다. 그 외에도 다양한 볼거리가 많은 동네이다. 이 중에서도 자랑할만한 '의정부 천문대'에 대해 간략하게 설명하도록 하겠다.

아름다운 밤하늘을 볼 수 있는 의정부 천문관!

의정부 천문대
경기도 의정부시 부용로
2019년 개관

의정부 천문대는 독립된 천문대로 기능을 수행하며, 천문 관련 전시관과 천체관측 프로그램이 운영된다. 이곳에 오면 아름다운 밤하늘을 마음껏 관찰할 수 있다. 가족과 친구 또는 애인과 함께가 볼 만한 좋은 장소이다.

의정부에 산다고 하면 꼭 듣는 소리가 있다. 부대찌개를 많이 먹냐는 물음이다. 그만큼 의정부는 부대찌개로 유명한 동네이다. 부대찌개 거리가 있을 정도로 의정부에는 부대찌개 가게가 많다. 개인적인 경험을 통해 의정부에서 맛있는 부대찌개 가게를 소개하도록 하겠다. 먼저 소개할 부대찌개 맛집은 의정부에서도 긴 역사를 자랑하는 곳이다. 바로 '허기숙 할머니 원조 오뎅식당'이다. 이곳은 1960년에 생긴 대한민국 최초 부대찌개 1호점이다. 오랜 역사를 자랑하는 만큼 맛도 일품이다. 여러 방송 매체를 탄 이 가게는 전국적인 배달·포장도 가능해서 어느 지역에 있든 맛볼 수 있다는 장점이 있다. 하지만 뭐니 뭐니 해도 직접 가서 먹는 것이 가장 맛있다. 다른 곳보다 진한 육수와 깔끔한 맛이 이 집의 자랑이다.

다음으로 소개할 가게는 부대찌개뿐만 아니라 맛있는 돈가스와 곱창전골도 먹을 수 있는 '금오식당'이다. 금오식당은 수요미식회에 나올 정도로 (곱창전골 편) 의정부에서 유명한 맛집이다. 금오식당만의 진한 육수와 담백한 맛이 특징이다. 특히, 곱창전골에는 냉이가 잔뜩 올라가 굉장히 향긋한 맛이 난다. 냉이를 좋아한다면 곱창전골을 추천한다. 물론, 부대찌개를 먹어도 좋다!

〈오뎅식당〉

〈금오식당 – 곱창전골〉

천보산 축석령에 깃든 진정한 '효'

우리나라는 참 산이 많은 나라다. 이를 증명하듯 의정부에도 여러 산이 있는데 그중에서도 천보산에 대해 간략하게 설명하도록 하겠다. 천보산은 의정부와 양주 그리고 포천까지 길게 이어졌으며, 소나무 군락으로 사시사철 푸르름을 간직한 산이다. 이 산에는 특별히 내려오는 전설이 하나 있다. 바로 천보산에 있는 축석령에 관한 전설이다. 전설에 대해 간략하게 설명하자면, 과거 오백주라는 인물이 살고 있었는데 아버지가 아프다는 소식을 듣고 고향에 내려가 아버지를 극진하게 모시게 된다. 오백주는 한겨울에 아버지의 약을 구하려 산에 오르다 호랑이를 보게 되고, 죽을 위기에 처한다. 다행히 아버지를 위하는 오백주의 모습을 보고 감명받은 호랑이가 사라지고 오백주는 무사히 아버지의 약을 찾아 돌아가게 되었다는 것이 주된 내용이다.

〈천보산 축석령〉

지금으로부터 3백여 년 전 포천 어룡리에 오백주라는 효자가 살고 있었는데 그는 어려서부터 효성이 지극하여 한 번도 부모의 뜻을 어기는 일이 없었다. 그는 귀성도호사로 있을 때 고향에 계신 부친이 병환으로 위독하다는 소식을 전해 듣고 벼슬을 버린 채 고향에 돌아와 정성껏 병간호에만 열중했다. 그러나 차도가 없었고 의원들도 무슨 병인지 아는 이가 없었다. 하루는 깜빡 잠이 들었는데 산신령이 나타났다.

"네 아비의 병은 산삼과 석밀을 복용하면 나을 터인즉 너는 어찌하여 게으름을 피우며 자고 있느냐."

오백주는 준비하고 길을 나섰으나 겨울철에 꿀을 구한다는 것은 쉬운 일이 아니었다. 집으로 돌아가던 오백주가 축석령을 넘을 때였다. 갑자기 호랑이가 나타나 으르렁! 거리며 다가왔다.

"내 비록 효성이 부족하여 석밀을 구하지 못하고 죽게 됐다. 나 죽는 건 서럽지 아니하나 병환에 계신 우리 아버님은 누가 돌본단 말이냐. 석밀을 구한 후에 나를 잡아먹어라."

엎드려 애원하다 정신을 차려보니 날이 밝기 시작했다. 호랑이는 온 데간데없고 큰 바위만 남아 있었다. 그 바위에서 꿀 냄새가 진동하고 바위틈에서 석밀이 흘러나오고 있었다. 그 석밀을 채취한 다음 산삼과 복용시키니 아버지의 병이 나았다. 그 후 오백주는 매년 바위에 고사를 지내고 만수무강을 축원했다고 하여 "축석령"이 되었다.

이런 천보산의 의미 있는 전설을 소개하기 위해 〈제23회 의정부 전국 문학 공모전〉에 참가해 동화를 만들었다.

공모전 이름: 제23회 의정부 전국 문학 공모전

참가대상: 기성작가를 제외한 일반인 또는 학생

공모주제: 전국의 학생, 시민들의 문예 창작 활동 활성화!

공모형식: 시(동시), 수필(산문), 소설, 동화 분량 제한 없음

시상 내용: 대상 (1등상, 한국문인협회이사장) 학생, 일반인 참가작 운문, 산문 중 대상 1편 (상금 100만 원)

고전을 활용한 마을콘텐츠 제작과정

1) 공모전 출품 문학 제작
작품명: 현명한 두루미
동화 부문 참여
작품 분량: 원고지 200자 기준 40장

작품 한 줄 소개: 현명한 두루미가 인간 세상에 내려가 여러 사람을 만나고 그 속에서 깨달음을 얻는 이야기.
작품설명: 현명하다고 소문난 두루미에게 사슴 친구가 찾아온다. 사슴 친구는 두루미에게 요즘 아들이 말을 잘 듣지 않는다고 고민을 얘기한다. 그 얘기를 들은 두루미는 사슴 친구에게 도움이 되고자 해답을 찾아 인간 세상으로 내려간다. 그렇게 첫 번째 마을에 찾아간 두루미는 예상치 못한 위협을 받게 된다. 결국, 아무런 소득 없이 하늘로 도망친 두루미는 다른 마을을 찾아 헤맨다. 한참을 비행하던 두루미는 어떤 소녀를 발견하고 땅으로 내려간다. 소녀에게 자신을 소개한 두루미는 여기까지 오게 된 이유를 말하며 도움을 요청한다. 소녀는 두루미에게 반지를 찾아주면 도움을 주겠다고 약속한다. 소녀를 도와 반지를 찾은 두루미는 소녀에게서 오백주에 관한 이야기를 듣게 된다. 오백주를 찾아 의정부에 간 두루미는 다른 사람의 도움을 통해 오백주를 만나게 된다. 두루미는 오백주에게 '효'에 관해 묻는다. 오백주가 생각하는 '효'에 대해 듣고 나서 깨달음을 얻은 두루미는 원래 자리로 돌아간다. 그리고 다음 날 사슴 친구를 만난 두루미는 거리에서 만난 사람들 이야기를 해주며 이야기는 끝이 난다.

설정·제작 과정: 동화에서 주고자 하는 교훈 또는 주제를 정하여 플롯을 설정한다. 두루미라는 캐릭터 설정을 통해 어떻게 이야기를 전달할지 결정한다. 과거 '효'와 달리 오늘날의 '효'는 희생으로 이루어지는 것이 아님을 보여준다. 한컴 원고지(200자 기준) 40장으로 분량으로 이야기를 완성했다.

2) 두루미 캐릭터 기획 및 제작

캐릭터 기획 배경: 동화의 특색을 살리기 위해 제작

소개: 현명한 두루미에 나오는 두루미. 하늘을 날고 있다.

제작 과정: 실사 두루미 사진을 관찰하여 Procreate를 통해 제작했다. 만약 원고를 동화책으로 만든다면 표지나 중간 그림 삽화로 사용할 예정이다.

콘텐츠를 제작하며 활용한 모든 자료의 출처

1) 의정부시, 『의정부 문화관광』, 의정부 시청 홈페이지: 의정부 지도
https://www.ui4u.go.kr/intro.jsp

2) 의정부 천문대 홈페이지: 천문대 사진
https://www.uilib.go.kr/observatory/index.do

3) 오뎅식당 홈페이지: 50년 전통 오뎅식당 사진
https://odengsikdang.com/home

4) 유럽꼬망스, 수요미식회 곱창전골 의정부 '금오식당' 협찬 없는 솔직 후기: 금오식당 사진
https://blog.naver.com/workersj/222565077832

저자 소개

1997.02.19
대진대학교 문예창작학과
ektmf6824@naver.com

   처음에는 이 수업에 잘 적응할 수 있을지 걱정이 많았습니다. 타학교 학생이기도 하고 처음 경험하는 수업 방식이 낯설었기 때문입니다. 또한, 공모전에 도전해야 한다는 사실이 막막하기도 했습니다. 잘 해낼 수 있을지. 끝낼 수 있을지 걱정하던 시간이 많았던 거 같습니다. 다행히도 교수님께서 타학생인 저까지 잘 이끌어주셔서 수업에 잘 적응할 수 있었습니다. 한 학기 동안 이끌어주셔서 정말 감사드립니다. 그리고 가천대 학우분들에게도 감사하다는 얘기를 전하고 싶습니다. 학우분들의 열정을 보며 스스로 반성할 수 있는 계기가 되었습니다. 짧은 인연이지만 멋진 가천대 학우분들을 만날 수 있어 좋은 경험이 되었습니다.

강원도 하면 감자? 아니죠~ 홍천이죠!

—

최명경

이번에 소개할 마을은 강원도 홍천군이다. 본가가 어디냐는 질문을 받을 때 '강원도'라는 대답을 하면, 으레 감자 많이 먹겠네~ 하는 대답을 듣고는 한다. 아쉽게도 필자는 감자를 좋아하지 않는 편이다. 나에게 강원도는, 감자보다 홍천이다.

홍천군의 마스코트는 대한민국의 국화와 같은 무궁화인데, 이는 일제강점기에 무궁화 보급에 앞장섰던 한서 남궁억 선생이 홍천군 서면에 학교를 세우고 활동했기 때문이다. 홍천군에는 5대 명품인 찰옥수수, 수라쌀, 홍천한우, 6년근 인삼, 홍천 잣 등의 특산품이 있으며, 나라꽃 무궁화 축제, 홍천 한우 축제, 강원 인삼 축제, 홍천 찰옥수수 축제, 홍천강 인삼 송어 축제, 홍천강 별빛음악 맥주 축제 등이 있다. 홍천은 주로 산지로 이루어져 있는 지역인 만큼, 풍경이 정말 아름다운 곳이다. 그래서 홍천에 오면 꼭 가봐야 할 인생 컷 장소 몇 군데를 꼽아봤다.

내가 사랑하는 홍천의 아름다운 사진 스팟 #1. 은행나무 숲

홍천살이 15년째인 고인물이 추천하는 '홍천의 인생 컷 추천 장소' 첫 번째는 바로 강원도 홍천군 내면 광원리 686-4에 있는 은행나무 숲이다.

가을에 가면 영화 〈클래식〉에 나오는 여주인공이 된 것 같은 기분을 느낄 수 있다.

온통 알록달록 노랑으로 물든 이 숲을 걷다 보면, 내 옆에 있는 사람이 누구이든 최선을 다해 드라마에 나오는 연인들처럼 사랑할 수 있을 것만 같은 기분이 든다. 사진은 또 어찌 그리 잘 나오는지, 마치 유럽에 있는 어느 시골 마을에 놀러 가 사진을 찍은 것 같은 분위기의 사진을 건질 수 있다. 실제로 은행나무 숲에 가게 되면, 웨딩 사진을 찍으러 온 연인들을 심심치 않게 볼 수 있다. 그만큼 아름다운 풍경을 가진 곳이라 자부할 수 있다.

다만 접근성이 좋지 않아 은행나무 숲을 가게 된다면 대중교통을 이용하기보다 꼭 차를 끌고 가길 추천한다. 멋모르고 택시나 버스, 자전거를 이용하게 된다면 근처에 고립되는 무시무시한 상황이 벌어질 수도 있으니 꼭 주의하자.

내가 사랑하는 홍천의 아름다운 사진 스팟 #2. 홍천군 무궁화 수목원

두 번째로 아름다운 홍천의 사진 스팟은 바로 홍천 무궁화 수목원이다. 강원 홍천군 북방면 능평리 239-8에 있는 '무궁화 수목원'은 사시사철 (겨울 빼고……) 언제나 활짝 피어있는 예쁜 꽃을 볼 수 있는 곳이다. 봄, 여름, 가을 중에서도 가을에 특히나 더 예쁘다.

경주에는 핑크뮬리밭이 있고, 제주도에는 유채꽃밭이 있다면, 홍천에는 코스모스밭이 있다. 사진에 보이는 곳은 무궁화 수목원 안에 있는 무궁화의 집이 있는 장소이다. 은하수 길이라고 불리는 길을 중간에 두고 양옆으로 코스모스가 쫙 펼쳐지는데 코스모스가 바람 따라 넘실거리는 것을 바라보고 있다 보면 꽃이 나인지, 내가 꽃인지 모를 정도로 코스모스에 흠뻑 취하곤 한다.

또 끝없이 펼쳐진 코스모스를 따라가면 그 끝에는 작고 아기자기한 무궁화의 집이 나온다. 알프스 소녀 하이디가 금방이라도 나와서 인사해줄 것만 같이 생긴 무궁화의 집 안에는 소망의 종을 울릴 수 있는 줄이 있다. 무궁화의 집은 곧 소망의 집
이라고 불리기도 하는데, 누구든 찾아와
쉬어가고, 위로와 희망을 얻고 가길 바라
는 마음으로 세워졌다고 한다.

더불어 무궁화의 집은 비단 아침에만
아름다운 게 아니다. 무궁화의 집 앞에
쭉 펼쳐진 은하수 길이라 불리는 이 길은
밤에 진가를 발휘한다. 낮에는 평범한 길이었지만, 밤에는 바닥이 정
말 내가 은하수에 들어온 마냥 반짝반짝 빛이 난다.

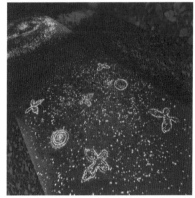

한 발 한 발 은하수 길을 따라 걷다 보면 진짜 우주에 온 것 같은
기분이 든다. 저 멀리 밝은 빛을 내는 무궁화 집은 태양처럼 느껴지
고, 새까만 우주에 동동 떠서 천천히 어디론가 떠가는 행성이 된 것
같은 그런 기분 말이다.

사진은 또 어찌 그리 예쁘게 찍히는지, 마치 동화 속으로 들어가
몰래 사진을 찍고 도망쳐 나온 것 같다. 가을에는 꼭 무궁화 수목원에

있는 무궁화의 집으로 놀러 와서 예쁜 사진들을 찍고 가시는 걸 추천
한다. 사진을 보고 어디 다녀왔냐는 문의가 폭주하게 될 것이다.

홍천의 계영배 설화

이렇게 아름다운 홍천에는 며느리 고개 설화부터 백우산의 장수 설화까지 다양한 전설과 설화가 존재하지만, 오늘 내가 소개할 홍천의 설화는 계영배 설화이다.

〈계영배의 유래〉

홍천 산골에 질그릇을 구워 파는 우삼돌이라는 사람이 있었는데, 항상 질그릇을 굽는 일보다 사기그릇으로 유명한 분원으로 나가 일하는 것이 소원이었다. 이런 소망을 다져온 그는 짐을 꾸려 분원으로 가서 지외장의 제자가 되었다. 그는 고향을 떠나 사기그릇을 만들고 연구하는 일에만 정진하였다. 8년 만에 그의 기술은 만인의 인정을 받아 왕에게 진상할 반상기를 만들게 되었고, 스승은 제자의 영광에 기쁨을 감추지 못해 새 옷을 만들어 입히고 명옥이라는 이름이 지어 주었다. 반상기가 완성되어 임금님께 진상된 후, 왕은 그 재주를 칭찬하여 특별히 상금까지 내렸다. 이후 명옥이라는 유명한 도공으로 만인으로부터 대접을 받게 되었다.

그러나 그의 친구들은 명옥을 시기하기 시작했고, 동료들은 술과 계집을 모르는 명옥에게 술과 계집을 안겨 다시는 도자기 연구를 하지 못하게 계략을 짜게 된다. 명옥은 한번 술과 계집을 접하자마자 다음 날부터 방탕한 생활을 하게 되었고, 스승이 마당에 꿇어앉아 눈물로 정신차릴 것을 애원했으나 명옥은 술에 빠져 스승의 말을 듣지 않았다.

이즈음 명옥의 동료들은 명옥을 아예 영영 질그릇꾼으로 만들기 위해 한 꾀를 생각해 낸다. 이때 명옥이 있는 돈을 술과 계집에 모두 탕진해 생활이 몹시 궁핍했으므로 질그릇 장사를 하자는 꾀임이었다. 당장 돈이 아쉬우므로 그들은 다 같이 해남으로 향하는 배를 타게 되지만 중도에 폭풍우를 만나 명옥을 제외한 모든 사람이 물에 빠져 죽게 되고 명옥만

이 구사일생으로 살아나게 된다.

　이후 명옥은 지난날의 방탕을 후회스러워하며 다시 열심히 살아보겠다고 다짐을 하게 된다. 다음날부터 백일기도를 드리며 무언가를 열심히 하다가 조그마한 술잔을 하나 만들게 된다. 술잔에 술을 반만 부으면 술이 그대로 남아 있지만, 술잔에 술을 가득히 부으면 술이 한 방울도 남지 않고 없어지게 되는 것이다.

　명옥이 이때 만든 술잔이 바로 계영배이고, 자신의 경험을 바탕으로 술을 과하게 마시지 말라는 교훈을 담았다고 한다.

　홍천에는 홍천의 5대 특산물로 만든 잣 막걸리, 옥수수 막걸리 등이 유명할 뿐 아니라, 하이트 맥주 공장이 위치해 술과 관련된 특산물들이 많다. 이로 인해 홍천강 별빛음악 맥주 축제 등 술과 관련된 행사도 많기에 이런 행사들과 특산물을 계영배 설화와 연관 지어 프로그램이나 관광상품을 제작한다면 굉장히 재미있는 요소가 될 수 있을 거라는 생각이 들어 이번 프로그램을 기획하게 되었다.

　　　　　　　　　　　　　경기 동부와 강원 · 홍천 | 최명경

공모전 이름: 제 3회 미디어 창작 콘테스트 내가 만드는 우리동네-
콘텐츠 기획안 공모전

참가대상: 대한민국 국민 누구나 (개인 또는 팀으로 참여 가능)

공모주제: 1. 프로그램 기획안

- 지역성을 고려한 참신하고 독창적인 프로그램

- 지역 명소, 음식, 인물을 소재로 한 일반 프로그램

- 교양, 오락, 다큐 등 다양한 장르의 프로그램

2. 뉴스기획안

- 일반 채널과 차별화되는 지역 채널 고유의 뉴스 포맷

- 지역 채널의 특성을 살린 뉴스 코너물 포맷

공모형식: 공모 분야에 맞는 기획안 제작(제출 양식: PPT 자유양식)

고전을 활용한 마을콘텐츠 제작과정

1) 맥주 축제 럭키드로우

공모주제에서 지역성을 고려한 참신하고 독창적인 프로그램에 초점을 맞춰서 럭키드로우 프로그램을 기획해보았다. 홍천군에서 진행하는 홍천강

별빛음악 맥주 축제에서 계영배와 여러 가지 굿즈 (하이트와 콜라보한 맥주컵 등)를 상품으로 한 럭키드로우 프로그램을 진행한다.

프로그램 설명: 매년 홍천 도시산림공원 토리숲에서는 국내 맥주 기업인 진로, 하이트 등을 포함해 수제 맥주, 세계 맥주를 시음해볼 수 있는 '홍천강 별빛음악 맥주 축제'가 개최되는데, 맥주를 구매하면 5천원짜리 기본 맥주를 기준으로 '별이 빛나는 밤에 럭키드로우 이벤트'에 참여할 수 있는 응모권을 제공한다.

이 응모권으로 '별이 빛나는 밤에 럭키드로우 이벤트'에 참여할 수 있는데, 이때 럭키드로우 1등 상품이 홍천의 문화관광상품으로 등재

예정인 계영배이다. 계영배 이외에 럭키드로우의 2등 상품은 홍천 하이트 맥주 공장과 연계한 특별 맥주컵 등이 있다.

2) 계영배 설화와 연계한 숙취해소제 제작

홍천의 6년근 인삼은 전국 생산량의 3%이며, 6년 근 홍삼 재배는 5%를 차지할 정도로 큰 비중을 갖고 있다. 홍천 인삼은 홍천 생간에 적합하여 인삼공사의 주원료 삼 공급지역의 역할을 담당하고 있다. 특히 홍천 인삼은 약효가 뛰어나 왕실에서 사용되었다는 기록 또한 존재한다. (영조실록에 의하면, 강원 인삼은 왕실의 의관들이 가장 선호하는 인삼이었다고 한다)

이런 지역의 특산물과 계영배 실화를 연계하여 숙취해소제, 혹은 술에 빠지지 않게 해주는 건강식품을 지역 특산물로 제작해도 좋을 것 같다는 생각이 들었다. 실제로 숙취 해소에 좋은 음식에 헛개나무와 홍삼이 꼽히기도 하는 만큼 홍보 효과는 확실할 것이며, 판매 시 계영배 설화와 연관하여 스토리텔링을 한다면 재미있는 콘텐츠도 제작할 수 있다고 생각한다.

콘텐츠를 제작하며 활용한 모든 자료의 출처

1) [홍천군],
나무위키_https://namu.wiki/w/%ED%99%8D%EC%B2%9C%EA%B5%B0
: 홍천군 개요, 관광 및 특산물

2) 네이버 지도, [홍천군]
: 홍천군 지도

3) 물길, 『은행나무숲의 추억』, 물길 박신영의 사진갤러리, 1997.10.14.
프로귀찮러, 『그림 같은 코스모스길에서 인생샷 찍기 홍천 무궁화 수목원』,
프로귀찮러의 탐나는 리뷰, 2021.10.01.
: 은행나무 숲 사진

4) 프리안나, 『홍천 가볼 만한 곳 홍천 무궁화 수목원 안 핫플레이스 무궁화
집(소망의 집)』, 홍천군 SNS 서포터즈, 2021.09.25.
: 무궁화 수목원 소개 및 사진, 무궁화 수목원 무궁화의 집 사진, 무궁화 수목원
은하수길 사진

5) 홍천군 문화관광포털, 〈계영배의 유래〉
: 계영배의 유래 설화

6) [국립중앙박물관], [문화체육관광부 국립중앙박물관],『백자양각상학문계영배』
: 계영배 사진

7) 올콘, "내가 만드는 우리 동네-콘텐츠 기획안 공모전",
: 공모전 소개 사진, 공모전 이름, 참가대상, 공모주제, 공모형식

8) 홍천문화재단, 홍천강별빛음악맥주축제
: 홍천강별빛음악맥주축제 행사내용, 기간

9) 홍천군 농업기술센터, 6년근 인삼
: 6년근 인삼 사진, 6년근 인삼 재배면적 확대의 유리성, 홍천인삼의 약효과

저자 소개

"K-pop을 사랑하는 미래의 스타 PD 최명경입니다."

2000.10.27
미디어커뮤니케이션학과
(복수전공: 아시아문화융합 전공)
cdssy1027@naver.com

　장장 15년을 살았지만, 고향에 대해 모르는 점이 많다는 것을 깨달았습니다. 앞으로 K-pop이나 예능 콘텐츠를 제작해 전 세계적으로 알리는 사람이 되는 것이 제 꿈인데, 이번 수업을 통해 배운 많은 전설과 설화를 바탕으로 새롭고 흥미로운 콘텐츠를 제작해보고 싶습니다.

경기 서부와
서울

김포 애기봉은 사랑을 싣고

—

지준혁

내가 살고 있는 경기도 김포시는 오른쪽에 보이는 지도와 같이 한강 하류에 위치한 도시로 과거 드넓은 김포평야가 발달해 '김포금쌀'이 유명하며, 수도권 2기 신도시로 인구 유입이 많다. 오늘날에는 교육업, 방송·출판업을 비롯한 서비스업과 도시 외곽을 중심으로 다양한 분야의 제조업이 발달해 있다.

김포시민으로서 상업시설을 제외하고 가보면 좋을 만한 장소를 몇 군데 소개해 보자면, 먼저 월곶면에 위치한 '애기봉평화생태공원'을 적극 추천한다. 이 공원이 위치한 지역은 북쪽으로 북한의 개풍군과

접경해 그 사이를 흐르는 조강 (한강 하구)이 공동이용수역으로 지정돼 오랜 기간 사람의 손이 닿지 않은 생태계의 보고이다. 김포의 역사와 정체성, 다양한 생태종의 모습을 만나볼 수 있고 전망대에 오르면 한반도에서

〈애기봉 전망대〉

가장 가까운 위치에서 북한을 조망할 수 있다. 군사지역이라 사전예약 후 신분증을 지참해 자차로 방문하는 것이 좋다.

두 번째로는 운양동에 위치한 '김포에코센터'이다. 한반도의 철새도 래지인 한강 하류를 조망할 수 있는 전시관과 전망대, 광활한 야생조 류생태공원이 조성되어 있어 가족 단위의 방문객들이 많이 찾는다.

특히 인근에 '엄마의 봄날'이라는 맛있는 한정식집이 있는데, 주말 에는 거의 매번 웨이팅을 해야 할 정도이니 예약 후 방문해 식사도 하고 운양동 카페거리에서 음료도 마시면서 가족들과 주변을 산책하

며 김포의 도시 경관을 살펴보면 좋을 것 같다.

또한 장기동에 위치한 '한강중앙공원'도 가족들과 산책이나 나들이를 즐기기에 좋다. 도심에 위치한 숲을 품은 광활한 공원으로, 날씨가 좋은 날이면 저마다 돗자리를 가지고 나와 야외활동을 즐기는 모습이 인상 깊다. 여름 저녁에는 분수 공연도 진행돼 많은 시민들이 찾는다. 특히 연결된 수변도로는 장기동부터 장기본동까지를 이어주고 있어 자동차

없이 안전하고 편안하게 산책이나 운동을 즐길 수 있다.

가슴 아픈 사랑 이야기, 애기봉의 전설

보통 김포는 매체를 통해 '라베니체', '김포조각공원'과 같은 지역의 고유한 정체성과는 다소 거리가 먼 관광·상업시설 중심으로 소개되거나, 서울시 강서구에 위치한 김포국제공항의 소재지로 인식되는 경우가 많다. 또한 최근 10년간은 신도시 건설로 인해 고유의 정체성은 점차 상실하고 도시문제만 늘어나고 있는 것 같아 안타까웠다. 이에 풍요로운 역사·문화·생태도시의 정체성을 회복할 수 있는 김포만의 지역 콘텐츠를 제작해보고자 주변에 대한 탐색을 시작했고, 그중 구전되는 지명 전설인 '애기봉의 전설'을 활용한 콘텐츠를 제작했다.

〈애기봉의 전설〉

유유히 흐르는 조강을 굽어보고 수 백길 높이 솟은 애기봉은 애절한 전설을 간직하고 있어요. 병자호란 때의 일이에요. 기생 애기는 평양감사와 사랑하는 사이였어요. 그런데 어느 날 두 사람의 운명을 모질고 슬프게 만든 전쟁이 일어났어요. 북쪽 오랑캐(후의 청나라)의 침략으로 감사와 애기는 임금님이 계신 한양으로 피난길에 오를 수밖에 없었지요. 당시는 교통수단이 발달하지 못해서 걸어서 수천 리 길을 가야만 했어요. 연약한 여자의 몸으로 수천 리를 걸어가야 하는 일이 힘겨운 노릇이었지만 감사를 따르는 애기는 참고 견디며 개풍군까지 왔어요. 그러나 감사는 오랑캐에 잡혀 끌려가고 말았어요. 감사와 생이별을 한 애기는 혼자 강을 건너 월곶면 조강리에 머물면서 감사가 돌아오길 기다렸어요. 애기는 하루하루 더해지는 감사에 대한 그리움으로 날마다 쑥갓머리산(하성면 가금리 소재) 정상에 올라 감사가 계신 북녘을 향해 눈물로 소리치며 애타게 기다리다 병이 들어 죽음을 눈앞에 두게 되었지요. 애기는 임을 행한 그리움으로 매일 애타게 기다리던 산 정상에 묻어 달라는 유언을 했어요. 애기가 죽자 동네 사람들은 애기 유언에 따라 애기를 쑥갓머리산 꼭대기에 장사하고 그 산을 애기봉이라 불렀답니다. 옛날이나 지금이나 애기봉은 북녘에 대한 애절한 그리움이 한으로 맺힌 곳이랍니다.

앞서 도시 소개에서 짧게 언급했듯 애기봉의 전설은 이미 '애기봉평화생태공원'이라는 실재하는 장소로서의 지역 콘텐츠로 개발되어 있다. 하지만 해당 장소에 직접 방문해보니 다양한 김포만의 정체성을 담고 있기는 하지만 랜드마크 구축을 위해 지리적 상징성을 강조한 관광 콘텐츠라는 느낌이 강했고, 고전을 활용한 스토리텔링 부분은 개인적으로 아쉽다는 생각이 들었다. 이에 전설이 주는 우리 지역만의 특징과 정체성을 강조하면서 동시에 시민들이 활발하게 참여할 수 있는 익숙하면서도 새로운 콘텐츠를 제작해보고자 공모전에 참가했다.

공모전 소개

공모전 명 : 내가 만드는 우리동네-콘텐츠 기획안 공모전
주최기관 : SK브로드밴드, 시청자미디어재단, 전국미디어센터 협의회
접수 일정 : 2021.11.1. ~ 2021.12.3. (현재 마감)
공모 내용 : 〈프로그램 기획안〉과 〈뉴스 기획안〉의 세부 공모 분야가 나뉘며 지역방송국 송출을 가정한 프로그램 기획안을 작성하면 된다.
제출 규격 및 양식 : 파워포인트 프레젠테이션 파일(.pptx)로 공모 분야에 맞는 자유 양식과 분량의 기획안을 작성해 제출한다.
접수 방법 : 공모전 신청서와 개인정보 동의서, 기획안 파일을 주최사 공유계정 웹하드에 개인폴더 생성 후 업로드하는 방식이다.

지역 콘텐츠 제작 과정

공모전을 탐색하고 내가 생각하는 기획 의도에 부합하는 콘텐츠의 스토리텔링 방식을 설계하는 과정에서 흔히 말하는 뒤엎는 과정을 반

복했다. 그렇게 해서 처음으로 나온 결과물은 '내가 쓰는 김포로그'라는 제목의 토크쇼 프로그램이었다. '애기봉의 전설'이 개인 서사를 통해 지명을

형성하고 김포의 정체성과 역사를 후대에 전달했다는 점과 도시를 기록하는 아카이빙 작업이 가지는 중요성을 중심으로 우리도 '오늘의 김포'의 모습을 기록해 후대에 전달해야 한다는 메시지를 담은 방송 프로그램이다. 시민들의 다양한 형태의 일기(자필 일기, 블로그 등)나 사진, 영상 등의 기록물을 공모해 그것을 함께 방송에서 감상하는 방식

애기봉평화생태공원vlog(○○ , 장기동)

으로 진행된다.

방송 프로그램 기획안에 현실감을 더하기 위해 방송 프로그램에서 활용될 다양한 예시 기록물 또한 직접 제작해 첨부했다.

(왼쪽의 QR코드를 스캔하면 예시 콘텐츠로 제작했던 애기봉평화생태공원을 소개하는 VLOG 영상을 감상할 수 있다.)

그러나 고전 활용과 도시 기록이라는 학문적인 의의에만 치중하다 보니 흥미소가 현저히 부족했다. 또한 그로 인해 실현화되어도 시민들의 참여도가 현저히 낮을 것이라는 문제점도 지적됐다. 이러한 교수님과 학우분들의 피드백 후에 새로운 콘텐츠를 제작했다.

프로그램 기획

프로그램 기본 정보

프로그램명	애기봉은 사랑을 싣고		장르	보이는 라디오 (오락/예능)
소재	지역민 에피소드 (사연공모)		시청등급	전체관람가
방송 플랫폼	지역방송국(케이블) 및 유튜브,		방송 분량	(파일럿) 50분*3회차
기본 소개 (홍보용)	김포에 전해지는 지명 전설인 애기봉의 전설을 들어보신 적이 있으신가요? 생이별한 임을 그리워하며 매일같이 산에 올라갔던 '애기'의 이야기는 구전을 통해 후대에 전해지며 감동을 전하고 김포의 존재를 세상에 알려왔는데요, 이제는 여러분이 바로 그 주인공입니다. 우리들의 소중한 이야기가 전설이 되는 그순간! 오늘의 김포를 살아가는 여러분들의 솔직하고 아름다운 사랑 이야기를 보내주세요!			
프로그램 로고	애기봉은 사랑을 싣고		호스트	지역민 (남/여 각1명, 20대)
			게스트	회차별 시나리오(사연)에 맞는 다양한 성별과 나이대의 지역민으로 모집
			방송 장소	애기봉평화생태공원 (김포시 월곶면 소재) 1층 영상관

01

프로그램 기획

프로그램 기획의도

사랑하는 임과 이별한뒤 매일같이 산에 올라 목놓아 울며 임을 그리워했다는 '애기'에 관한 전설이 내려오는 경기도 김포시. 애기봉의 전설만큼이나 절절한 사랑 이야기를 가진 김포인(人)들의 사랑 이야기와 인생의 희로애락에 얽힌 다양한 사연들을 소개하고 이에 함께 공감하는 '보이는 라디오' 프로그램을 기획했다.

'애기봉의전설'이라는 김포의 지명전설은 지난 역사의 시간 동안 김포라는 지역의 정체성과 가치를 세상에 알려왔다. 그리고 그러한 가치를 이제 후대에도 온전하게 전하고자 오늘의 김포를 살아가는 지역민들만의 새로운 로컬미디어를 통해 현대적인 콘텐츠로 재해석하여 김포인들의 삶 속에서 재연하고자 기획하게 되었다.

02

プログラム 기획

프로그램의 궁극적 목표

주민과 지자체, 그리고 사기업(BTV지역방송국)이융합해
김포의 복잡다단한 도시 문제 해결책을 모색하고자 새로운 마을미디어의 프로그램을 개발한다.

개발될 프로그램이 당장은 지역성과 흥미소를 지닌 일종의 콘텐츠로 소비되지만
궁극적으로는 지역의 새로운 콘텐츠 개발과 더불어 지역민들 간의 지속적인 소통이 가능한 마을미디어를 구축하고
서로를 타자로 만드는 삭막한 도시 공간에 활력을 불어넣어 공감과 연대가 가능한 새로운 도시로의 이정표를 제시하며,
또한 일련의 과정들 속에서 도시재생과 지역 커뮤니티 활성화를 위한 다양한 요소들을 접목시킨다는 점에서
'평화문화 1번지'라는 도시의 정체성 확립에도 또한 기여할 수 있으리라 기대한다.

04

프로그램 활용

도시로의 확장 – 의의

김포의 도시 재생

- 지역정체성을 담은 참여형 콘텐츠로 자리매김
- 지속적인 도시재생을 위한 참여 유도
  사전 소개자에 대해 도시재생 기여 가능한 경품 증정
  예시로 시군마다 지역방송이나 마을미디어는 개별의 방송에서 걸쳐
  참여하는, 김포만의 방식 제작방법 또는 특징의 재생 또한
  병행할 필요가 있다
- 지역 미디어를 통한 공감과 화합의 가능성

광역 콘텐츠

- 방송 이후 유튜브 클립, 팟캐스트 음원으로
  활용해 누구나 즐길 수 있는 광역 콘텐츠
- 추후 지역자원(지명 전설)·고전문학 활용한
  콘텐츠와 마을미디어 개발 또는 관련 연구에서
  선행 모델로서의 역할 가능성

11

　　1차 기획의 실패 요소가 흥미소 부족에 따른 관심 부족이 예상된다
는 점이었기에 새로운 콘텐츠를 기획하면서는 '그렇다면 과연 나는 어
떤 지역 콘텐츠를 재미있게 느낄까?', '어떤 지역 콘텐츠에 참여하고
싶을까?'와 같은 생각들을 하게 되었다. 그러한 과정에서 내가 자주

듣는 라디오를 떠올리게 되었다. 애기봉의 전설에 등장하는 '애기'처럼 김포 안에서 자신이 경험했던 사랑 이야기를 시민들로부터 제공받아 시나리오를 작성하고 방송하면 흥미롭겠다는 생각이 들어 '보이는 라디오' 프로그램을 기획했다.

특히 기획 단계에서 김포에서 이미 운영되는 지역 라디오 콘텐츠를 분석하며 지역성이 다소 떨어진다는 점과 마을 미디어와 콘텐츠를 분석한 연구자료들에서 공통으로 지적하는 마을 미디어 운영과정에서 발생할 수 있는 낙오자와 관련된 문제점들을 보완하고자 노력했다.

특히 시민들의 이야기를 지역방송국을 통해 실시간으로 송출하면 김포라는 지역 정체성 속에서 유대감을 기반으로 활발한 소통이 가능할 것이고, 방송 이후 지속 가능한 광역 콘텐츠로 활용하면 김포의 지역 정체성을 확고히 할 수 있을 것이라고 생각했다.

예시 시나리오 (3)

B	네. 지금 화면 하단에 나가고 있는 이메일로 언제든지 사연 보내주실 수 있습니다.
	단, 김포인들을 위한 방송인 만큼, 김포의 특정한 장소나 지명에 관련된 기억이면 더욱 좋겠습니다. 많은 분들의 참여 기다리겠습니다.
A	네. 지금 채팅창을 보니 어서 빨리 진행해달라고 말씀하고 계시는데요. 빨리 시작해야 할 것 같습니다.
B	그렇네요. 그럼 첫 번째 사연은 사우동에 사시는 OOO씨의 사연입니다.
	제목은 '17살의 여름이었다' 라고 하네요. 어떤 사연일지 정말 궁금해지는데요.
	고등학생 시절의 이야기인 것 같은데, 그럼 첫 번째 사연은 C학생이 읽어주실까요?
C	네! 그럼 제가 한 번 읽어볼게요!
	(Background music fade-in)
	김포인 여러분 안녕하세요? 저는 통진읍에 살고 있는 21살 미대생 OOO이라고 합니다.
	때는 제가 고등학교에 갓 입학한 17살 시절의 이야기입니다. 저는 어렸을 때부터 쭉 통진에 살아왔는데
	제가 고등학교를 장기고등학교로 가게 되면서 통진에서 장기동까지 매일 아침 버스 타고 등교하느라 엄청 힘들었던 기억이 나네요.
	해야 할 공부도 많아지고 학원과 학교, 그리고 1시간 가까이 걸리는 집까지 오고 가는 생활때문에 정말 집에 오는 길에 눈물을 훔친 적도 참
	그런 저의 학교생활을 버티게 해 준 멋진 친구가 있었습니다. 바로 저희 반 부반장이었죠.
	부반장은 운동이면 운동, 공부면 공부 모두 다 잘하는 친구였습니다. 우연한 기회로 학기 초에 친해져서 학교에서는 쉬는 시간마다 이야기도

또한 보이는 라디오 콘텐츠인 만큼 앞에서와 마찬가지로 현실성 부여를 위해 예시 방송원고를 직접 작성해 기획안에 함께 첨부했다.

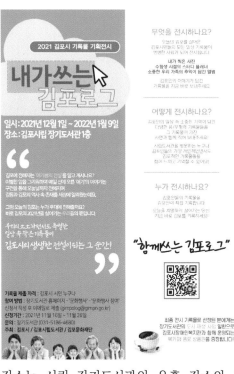

또한 공모전에 출품하지는 않지만, 앞선 1차 기획에서 실패한 콘텐츠를 '도시기록물 전시회' 콘텐츠로 재활용했다. 콘텐츠의 스토리텔링 방식은 앞서 기획했던 방송 프로그램 '내가쓰는 김포 로그'와 거의 유사한 방식으로 전개되지만, 도시기록물을 전시한다는 점에서 활용하는 소재가 시민들의 실물 기록물과 그 안에 담긴 사연으로 바뀌었다. 전시회의 운영 장소는 시립 장기도서관의 유휴 장소와 예술작품을 전시하는 공간을 활용한다. 현장에는 실물 기록물만 전시되어 있으며 배부한 인쇄 자료나 QR코드를 인식해 이동한 웹페이지에 적힌 기록물과 관련된 설명을 함께 읽으며 관람하면 된다.

또한 위의 인쇄물은 '우수 기록물 수록집'으로 전시회에 대한 간략한 소개와 시민들이 전시한 기록물에 얽힌 이야기가 기록되어 있다. 실물 전시공간 조성에는 한계가 있다 보니 전시회를 운영한다는 가정 하에 주변 지인들에게 포스터를 보여주고 기록물과 사연을 제공받아 인쇄용 콘텐츠를 구성한 것이다.

(왼쪽의 QR코드를 스캔하면 '우수 기록물 수록집'의 확대 버전을 확인할 수 있다.)

콘텐츠 제작을 위한 아이디어

콘텐츠에 대한 아이디어를 시각화하는 과정에서는 파워포인트와 미리캔버스 그리고 어도비의 인디자인(InDesign)을 활용했다. 미리캔버스의 경우 직관적인 UI와 저작권 문제없는 방대한 종류의 폰트와 일러스트를 무료로 제공하는 시각 콘텐츠 제작 툴로 쉽고 간편한 사용이 가능하지만 세밀한 속성값 조정이 어렵고 웹 기반이라 간혹 오류가 발생하기도 한다.

반면 인디자인은 출판 전문 프로그램으로 고품질의 결과물을 얻을 수 있으나 유료이고 콘텐츠 구성 요소를 사용자가 직접 저작권 문제를 확인하며 수집해야 하는 불편함이 있다. 그럼에도 기존에 어도비 계열의 프로그램을 사용해 본 경험이 있다면 어렵지 않게 접근할 수 있으니 자체적으로 제공하는 7일 무료체험을 통해 활용해보기를 적극 권장한다.

또한 미래의 지역 콘텐츠 창작자들에게 콘텐츠 기획에 앞서 가장 먼저 공공기관이나 관련 홈페이지를 직접 방문해보라는 이야기를 해주고 싶다. 우리가 인지하지 못하지만 생각보다 많은 지역 콘텐츠와 미디어가 이미 활발하게 개발되어 사랑받고 있을 수도 있다. 특히 최근에는 도시 브랜드화 사업으로 지역의 설화나 이미지, 폰트, 캐릭터 등의 자료들을 제공받을 수도 있기 때문이다.

　지금까지 전통성을 지니는 콘텐츠들에 대해 다소 회의적인 입장이었다. 하지만 콘텐츠를 개발하는 과정에서 우리 마을과 그 속에서 살아가는 개인들의 삶을 탐색하다 보니, 우리가 살아가는 공간이 점차 각박해지고 소통과 진심이 부정당하며 서로를 타자로 만들어가는 과정들을 더욱 여실히 목도할 수 있었다. 이에 사람 간의 소통이 가능한 유의미한 콘텐츠들이 지속적으로 개발되어야 한다는 생각을 갖게 되었다. 따라서 이제는 여러분이 가장 보편적이면서도 지역적인 콘텐츠를 직접 제작해보며 각자가 살아가는 공간에 대해 주인의식과 애정을 가질 수 있기를 바란다. 주변을 탐색하고 도시를 직접 걸어보면서 의미 있고, 살아 숨 쉬는 콘텐츠를 제작할 수 있기를 응원한다.

콘텐츠를 제작하며 활용한 모든 자료의 출처

1) 김포시 지도 : 『네이버지도』, "경기도 김포시" 검색 후 캡처

2) MS파워포인트, 어도비 인디자인, 포토샵, 프리미어 : 기획안 및 예시 콘텐츠 제작

3) 미리캔버스 : 우수 기록물 수록집, 기획전시 포스터 제작 (글꼴, 포맷, 이미지 등)

4) 애기봉의 전설_https://www.gimpo.go.kr/culture/contents.do?key=2413

5) 콘텐츠 내부 벡터, 아이콘 등의 이미지 : "flaticon.com" 출처 명시 조건 수정, 상업 목적 무료 사용

6) 기타 이미지 : 본인 소장

7) '우수 기록물 수록집' 내 QR코드 생성 :
『네이버QR코드』_https://qr.naver.com

저자 소개

"알고 싶고 해보고 싶은 것도 많은 INFJ, 지준혁입니다."

2001.03.05
의료경영학과
(복수전공: 아시아문화융합전공)
harryhyuck@naver.com

 사실 〈고전과 문화콘텐츠〉 수업을 신청하면서 4학년 전공이라 걱정도 많이 했고, 한국문학 전공자가 아닌지라 생소한 고전이론들은 어렵게 느껴지기도 했습니다. 하지만 우리가 살아가는 마을의 이야기를 탐색하고 그것들을 콘텐츠로 만드는 과정들에 관해 읽고, 다양하게 생각하고, 새롭게 바라보고 또한 직접 참여하며 많은 것들을 배울 수 있어 제게는 너무나 흥미롭고 유익한 시간이었습니다.

 특히 무엇보다도 이번 기회로 도시학에 큰 관심이 생겼습니다. 현대인들의 전형적인 생활 공간 속에서 무수한 구성 요소들이 분화하고 접합하며 주류와 타자를 양산해내고, 그러한 과정에 미디어가 작용하는 양상이 매우 인상 깊었습니다. 이에 앞으로 관련 분야를 깊이 공부해보고 싶고, 특히 제 관심사를 발굴할 수 있는 기회를 제공해주신 교수님께 무한한 감사를 드립니다.

 이외에도 글쓰기나 영상 편집과 같은 생산성 작업이나 음악과 여행도 좋아합니다. 최근에는 다양하고 새로운 공부로 삶의 테두리를 넓혀 가고자 노력 중입니다. 꿈꿔왔던 20대와는 다소 다른 나날을 보내고 있어 아쉽지만, 앞으로는 적극적으로 저와 주변을 탐색하는 작업에 몰두하고자 합니다. 분량으로 인해 담지 못한 많은 이야기들을 나눌 수 있는 기회가 또 찾아오기를 바라며 글을 마칩니다.

호랑이 남매와 함께 보는 우리 마을 종로

－

이서희

서울시 종로구는 전통과 현대, 과거와 현재를 이어주는 매력적인 마을이다. 종로구는 조선의 건국 이후 한양 천도와 함께 오늘날까지 약 600여 년 동안 서울의 중심부로 25개 구청 가운데 행정서열 1위인 문화, 행정의 심장부로서 중요한 역할을 담당해 오고 있다. 종로라는 마을의 명칭은 지금의 종로1가에 도성문(都成門)의 개폐(開閉)시각을 알려주는 큰 종을 매달았던 종루(鐘樓)에서부터 비롯되었으며, 1943년 4월 1일 구제도(區制度)를 실시할 때 종루(鐘樓)가 있는 거리라는 뜻으로 종로구가 되었다.

종로의 이야기꾼 전기수, 한양도성 달빛여행, 북촌 전통 공예 체험관 등 종로에는 전통과 문화와 관련된 볼거리와 체험활동이 다양하게 준비되어있다. 또한, 살아있는 문화와 같은 종로구 마을에는 다양한 지역 전설이 내려오고 있는데 그중 종로구 인왕산에 얽힌 호랑이 전설과 함께 우리 마을을 소개해 보고자 한다.

우리 마을, 서울시 종로구의 매력

종로구를 이곳저곳 돌아다녀 보면 먹을거리, 볼거리가 참 많기도 하지만 다른 지역에서는 주로 영어로 표기되는 브랜드명 간판들이 대부분 한국어로 적혀있어 자연스레 사람들의 눈길을 끈다. 이는 종로구가 우리나라를 잘 표현하고 있는 매력적인 마을이라는 생각이 들게끔 만든다. 또한, 우리의 문화와 흔적을 가장 잘 보존하고 있는 마을이라는 생각이 드는 자랑스러운 마을이다.

등산 후 즐길 수 있는 종로구 인왕산 한식 맛집 코스

인왕산을 따라 내려와 걷다 보면 '세종마을음식문화거리'가 한눈에 들어온다. 그중 내가 소개하고 싶은 특별한 한식 맛집 3곳을 꼽아보았다.

첫 번째는 종로구 자하문로에 위치한 '토속촌'이다. 1983년 오픈한 토속촌은 청와대와도 멀지 않아 대통령 맛집으로도 유명하고 워낙 인기가 많아 소개하는 것이 민망할 정도 유명세를 탄 맛집이라고 한다. 수년 전부터 소문이 자자한 토속촌은 40년 전통을 자랑하는 서울 3대 삼계탕, 최고의 삼계탕 맛집이라고 알려져 있다. 실제로 방문하면 토속촌의 삼계탕을 먹기 위해 외국인들까지 줄을 서 있다고 한다.

두 번째는 종로구 자하문로에 위치한 '용금옥'이다. 1932년부터 영업을 시작해 88년 전통을 자랑하는 서울식 추어탕집이다. 역사가 오래된 만큼 서울의 역사와 문화를 고스란히 담은 맛집이라고 할 수 있으며, 2021년 미쉐린 가이드에도 소개된 소문난 맛집이다. 종로구에 위치한 한정자 대표의 용금옥은 중구의 용금옥과 한 뿌리를 두고 있으나 현재는 각자의 길을 걷고 있다. 한국의 대표적 보양식인 추어탕을 사시사철 제공하는 이곳에선 서울식 통추어탕과 삶은 미꾸라지를 갈아 넣은 남도식 추어탕을 함께 선보인다. 추탕은 서울식 미꾸라지탕을 말하는데 서울식은 추탕, 남도식은 추어탕이라고 부른다고 한다. 추탕은 미꾸라지를 통으로 넣고, 추어탕은 미꾸라지를 다른 재료와 함께 곱게 간다. 또한 추탕은 쇠고기와 곱창 따위를 끓인 국물에 미꾸라지를 넣고 끓인 뒤 고춧가루로 양념하지만, 추어탕은 미꾸라지와 시래기 등을 끓이고 간 국물에 된장을 풀어 만든다. 좋은 재료로 정성껏 준비하는 모든 음식에는 오랜 세월 용금옥을 지켜온 주인장의 애정 어린 손맛이 고스란히 담겨 있다. 계절을 불문하고 많은 이들의 사랑을 받는 따뜻한 추어탕 한 그릇이 많은 사람들에게 기억에 남는 추억을 선사한다.

마지막으로 세 번째는 종로구 돈화문로에 위치한 '행복한 집'이다. 서울 사람들은 장수 막걸리의 달달함과 톡 쏘는 탄산기를 선호하지만, 지방의 술도가에서 만드는 지방 막걸리를 접할 수 있는 곳이 많지 않다. 게다가 맛있는 막걸리를 찾기 쉽지 않은데, 이 집은 무형문화재인

송명섭 명인이 직접 만드는 우리 술을 맛볼 수 있다는 것이 큰 장점이다. '송명섭 막걸리.' 대부분에게는 낯선 이름이겠지만 막걸리 마니아들 사이에서는 막걸리의 '최고봉'으로 정평이 나 있다. 처음 이 막걸리를 마시면 '이게 무슨 맛인가?' 하고 자문하게 된다. 우리가 흔히 마셨던 '입국'을 기반으로 아스파탐, 구연산 등 화학첨가물이 들어간 달고 신 막걸리에 비하면 '무(無) 맛'에 가깝기 때문이다. '무(無) 맛'의 비법은 '무(無) 첨가물'. 다른 첨가물은 모두 배제한 채 '쌀'과 '누룩'으로만 막걸리를 빚는다. 주객(酒客) 사이에서 그 명성은 이미 자자하다. 광화문, 대학로 등 서울의 '핫 플레이스'에서도 간간이 만날 수 있다.

인왕산 호랑이 전설과 호랑이 눈썹 설화

인왕산에 얽힌 호랑이 전설은 다양한 내용으로 전해 내려오고 있다. 실제로 인왕산 입구에는 거대한 호랑이 동상이 자리 잡고 있는데, 인왕산의 호랑이를 모티브로 과거에 서울시를 상징하는 캐릭터로 제작되었을 만큼 인왕산에 얽힌 전설 속 호랑이 캐릭터는 높은 상징성을 나타낸다고 볼 수 있다. 또한, 한국 설화에는 호랑이가 등장하는 내용을 자주 접해볼 수 있는데 그중 〈하얀 호랑이 눈썹의 비밀〉에 등장하는 내용의 소재와 〈인왕산 호랑이 전설〉의 내용을 재창작하여 마을의 한식 지도를 제작할 때 활용하였다. 우리 마을의 전설을 재미있게 알리는 방법을 고민하면서 콘텐츠를 제작해보았다.

〈인왕산 호랑이 전설〉
옛날 옛적에 인왕산에 호랑이 부부가 한 쌍이 살고 있었다. 호랑이 부부는 금슬이 매우 좋았고, 그들은 사람들을 보면 나쁜 사람인지 좋은 사람인가를 구분할 수 있었다. 그래서 무악재를 넘나들며, 평소에는 사람들에게 해를 끼치지 않지만, 행실이 못된 사람이 고개를 넘으려고 하면 해코지를 하였다.
그러던 어느 날 인왕산에 산불이 발생했다. 이때 암컷이 먹을 것을 찾아 인가로 내려갔다가 포수의 총에 맞아 죽고 말았다. 그 사실을 알게 된 수컷이 포효하며 슬프게 울부짖다가 바위에 머리를 부딪쳐 아내의 뒤를 따랐다. 이때 바위 한쪽이 떨어져 나갔다. 그 모양이 마치 자살한 수컷 호랑이처럼 생겼고, 해가 중천에 뜨면 이 바위에 반사된 햇빛이 마치 호랑이 눈에서 나는 광채와 같았다. 암컷을 쏘아죽인 포수는 이 빛에 두 눈이 멀었다고 한다.
〈하얀 호랑이 눈썹의 비밀〉

옛날에 눈썹을 움직여 사람의 속마음을 꿰뚫어 보는 신기한 호랑이가 있었다. 호랑이는 속마음이 흉악한 짐승으로 보이는 사람만 잡아먹고 사람으로 보이는 사람은 잡아먹지 않았다.

호랑이는 산 고개를 지나는 사람들 앞에 자주 나타났다. 그래서 속마음이 멧돼지로 보이는 도둑놈과 나쁜 여우로 보이는 여인 등 짐승으로 보이는 사람들을 잡아먹었다. 그러자 사람들은 호랑이가 있는 고개로는 얼씬도 하지 않았다. 사람들의 모습이 보이지 않자 이상하게 여긴 호랑이는 사람으로 변신하여 직접 마을로 내려간다. 호랑이를 욕하며 안 좋은 소문을 퍼뜨리는 사람들을 만나게 되었다.

못된 호랑이가 착한 사람들만 잡아먹는다며 떠들어대는 사람들의 속마음을 들여다보는 호랑이.

그들의 모습은 독이 든 뱀의 모습으로 보이고…….

분노한 호랑이는 사람들을 혼내 주려고 하였다. 그런데 그 때, 도롱이를 쓴 떠돌이 아이가 호랑이를 알아보고는 말을 건다.

깜짝 놀란 호랑이는 황급히 마을을 빠져나오는데…….

산으로 돌아온 호랑이는 다시 원래의 모습으로 되돌아간다. 그 때, 마을에서부터 쫓아온 아이가 모습을 드러내었다. 그리고 신기한 호랑이를 만나게 된 것을 기뻐하며 사람의 속마음을 보는 법을 가르쳐 달라고 조른다.

맹랑한 아이의 모습이 귀여운 호랑이는 먼저 아이의 속마음을 살핀다. 겉모습은 거지처럼 볼품없지만, 속마음은 선녀와 같았다. 호랑이는 처음으로 착한 사람을 만나게 된 것을 기뻐하며 아이에게 흰눈썹 하나를 뽑아 주었다.

공모전 소개

· 공모전 이름: 제2회 한식 콘텐츠 스토리텔링 공모전

· 참가대상: 한식을 좋아하는 남녀노소 누구나

· 공모주제: 한식, 즐거움을 먹다

· 공모형식: 사진을 제외한 모든 형태의 백일장(글), 사생대회(그림)

· 공모취지: 포스트 코로나 시대의 흐름에 맞춰 국·내외 언택트 보급이 가능한 한식 홍보 콘텐츠를 발굴하고자 '한식, 즐거움을 먹다'를 주제로 한식 콘텐츠 스토리텔링 공모전을 한식진흥원에서 개최

· 해당 공모전에서 내가 기획하고자 한 것:

장기화되는 코로나 사태로 지역 상권과 자영업자들이 어려워지고 있는 상황에서 인왕산의 마스코트인 호랑이를 캐릭터화하여 인왕산 전설의 내용을 재미있게 재창작

창작된 내용을 바탕으로 관련된 지도의 틀을 제작하여 등산 후 사람들이 즐길 수 있는 종로구 인왕산 근처의 한식 맛집을 지도 형식으로 제작

인왕산의 마스코트인 호랑이가 우리 한식의 매력을 소개하면 지역 상권 살리기, 우리 한식의 매력에 대해 소개하기, 지역 전설을 콘텐츠화하여 마을 활성화 등 다양한 방향으로 도움이 될 수 있지 않을까? 라는 생각이 들었다.

고전을 활용한 마을콘텐츠 제작과정

　'인왕산 한식 맛집'을 주제로 잡고 인왕산에 얽힌 역사적인 전설의 등장인물인 호랑이를 캐릭터화하여 인왕산 주변 한식 맛집을 지도로 표현해보고자 했다. 호랑이 캐릭터가 인왕산 근처의 얽힌 전설과 지역 상권을 살릴 수 있는 해당 지역 한식 맛집, 한식의 장점과 매력을 설명하는 지도를 포스터 형식의 그림으로 그려 제출하고자 계획했다. 유튜브나 SNS 그리고 인터넷 검색을 통해 인왕산 근처에서 종로구의 오래된 전통 한식 맛집을 찾아보았다. 단순히 오래된 한식, 전통 한식, 한식 맛집이 아닌 그 전통 음식점과 판매하는 한식이 특별한 이유에 대해 알아보았고 실제로 인왕산과 인왕산 근처에 있는 '세종마을 음식문화거리'를 돌아다니며 사전답사를 할 때 해당 음식점을 방문해 보았다.

　'프로 크리에이티브'를 사용하여 지도를 직접 그렸고 콘텐츠 계획 발표 시간에 피드백을 받았던 내용을 활용하여 공모전에 제출하였다.

호랑이 남매와 함께보는

인왕산

전 통 한 식 지 도

2.3km
2.6km
4.1km

〈 종로 용금옥 〉
(서울특별시 종로구 자하문로11-2)

1932년부터 영업을 시작해 88년 전통을 자랑하는 서울식 추어탕집이다. 역사가 오래된 만큼 서울의 역사와 문화를 고스란히 담은 맛집이라고 할 수 있으며, 한국의 대표적 보양식인 추어탕을 시식사찰 복원하는 이곳에서 서울식 등추어탕과 싫은 미꾸라지를 통째 넣은 남도식 추어탕을 함께 선보인다. 좋은 재료로 정성껏 준비하는 모든 음식에는 오랜 세월 용금옥을 지켜온 주인장의 애정 어린 손길이 고스란히 담겨 있다. 거창한 뷰맛보다 많은 이들이 사랑을 받는 따뜻한 추어탕 한 그릇이 이러한 추억을 선사한다.

〈 종로 토속촌 〉
(서울특별시 종로구 자하문로5길 5)

1983년 오픈한 토속촌은 청와대와도 멀지 않아 대통령 맛집으로 유명한 삼계탕집이라고 한다. 진한 국물과 부드러운 닭 그리고 아삭아삭 맛있는 김치와 깍두기까지 수년 전부터 소문이 자자한 토속촌은 40년 전통을 자랑하는 서울 3대 삼계탕, 최고의 한식 맛집이라고 알려져 있다. 실제로 방문하면 토속촌의 삼계탕을 먹기 위해 외국인들까지 줄을 서 있다.

〈 종로 행복한 집 〉
(서울특별시 종로구 돈화문로11길 20)

서울 사람들은 장수 막걸리의 달달하면서 톡 쏘는 탄산기를 선호하지만, 지방의 술도가에서도 만드는 지방 막걸리를 현할 수 있는 곳이 많지 않다. '행복한 막걸리'는 국내에서도 보기 드문 전통주 만들기 '무형문화재소장자가 빚은 막걸리'여, 처음 막걸리를 맛시면 아무 맛도 나지 않는다고 하는데 맛의 비밀은 다른 첨가물은 빼고 때때로 제 '쌀'과 '누룩'으로만 막걸리를 빚기 때문이다. 주객들 사이에서 막걸리의 명성은 이미 자자하다.

" 옛날 옛적 인왕산에 사이 좋은 호랑이 남매가 살고 있었다. 어릴적 남매는 부모님이 돌아가시면서 남겨주신 돋보기를 하나 가지고 있었다. "큰 바위에 올라 이 돋보기로 마을을 내려다보면 우리가 없어도 너희가 굶어 죽을 일은 없을 것이야" 남매는 어리둥절해하며 인왕산에서 가장 큰 바위에 올라 돋보기로 인왕산 아래에 있는 마을을 내려다보자 그 순간 호랑이 남매의 눈에서 반짝이는 광채가 나며 마을에 있는 다양한 한식 맛집들이 한눈에 들어왔다. 인왕산 호랑이 남매가 소개하는 다양한 한식 맛집과 우리 한식의 매력에 대해 들어볼까? "

콘텐츠를 제작하며 활용한 모든 자료의 출처

1) 구글 지도_ www.google.co.kr/maps
: 인왕산 지도 이미지

2) 종로구청 홈페이지_ www.jongno.go.kr
: 종로구 안내, 종로구의 역사, 종로 역사·문화·관광, 시대별 종로, 종로구 동유래

3) 일간경기_ http://www.1gan.co.kr/news/articleView.html?idxno=122665
: 인왕산 호랑이

4) 한국콘텐츠진흥원 홈페이지_ www.kocca.kr
: 전통 호랑이 이야기, 하얀 호랑이 눈썹의 비밀

5) 한식진흥원_ https://kfpi.hansik.or.kr/kfpi/kr/main/main.do
: 제2회 한식 콘텐츠 스토리텔링 공모전 소개 이미지

"호기심이 많고 솔직하며 기록하는 것을 좋아하는 ENTJ, 유통MD를 꿈꾸는 이서희입니다."

1999.02.20
한국어문학과
seoheelxx@naver.com

한 학기 동안 우리가 살고 있는 마을, 평소에 자주 지나다니던 거리를 돌아볼 수 있어 우리 마을에 대해 더 자세하게 살펴보고 관심을 가질 수 있었던 소중한 시간이 되었습니다. 또한, 우리 마을의 전설, 고전을 활용하여 현재 활용할 수 있는 의미 있는 콘텐츠를 직접 제작할 수 있었던 것과 다른 학우분들이 살고 있는 마을을 활용한 콘텐츠를 함께 공유하고 피드백할 수 있어 흥미롭고 인상 깊은 시간으로 남았습니다.

풍납토성에 사는 사람들

―

김경희

〈풍납토성과 풍납동〉

　　　　　경기 서부와 서울 · 송파 | 김경희

풍납동은 '물'과 인연이 깊다. 1925년(을축년) 대홍수로 많은 인명과 재산이 손실되었다. 이 홍수로 유물이 출토되면서 풍납토성이 세상에 드러나게 되었다. 풍납토성은 1925년 홍수 이후 드러난 유물로 1936년 고적이 되었지만, 1960년대 성벽만 문화재가 되어 성벽 안에 사람들이 거주하게 되면서 건물들이 자리를 잡았다.

풍납동은 을축년 대홍수 이후에도 서울의 상습 침수지역이었다. 1990년 최악의 침수 피해를 겪은 이후 대대적인 배수펌프 설치와 제방 공사로 2011년 기상 관측이 시작된 이래 104년 만의 물난리에도 피해가 거의 없어, 상습침수지역이라는 오명을 벗었다.

풍납토성 북쪽은 한강을 끼고 있으며, 서쪽은 한강 변에 자리하고 있어 대해(大海)에 비유했으며, 남쪽은 잠실·성내천 일대로 주변의 비옥한 토지로 인해 농업이 성행했을 것으로 추정된다. 동쪽은 멀리 유명산·청계산·용마산, 가까이 예봉산·남한산·검단산 등 높은 산들이 남북으로 연결되어 있었지만, 지금은 고층건물들로 인해 조망하기가 쉽지 않다. 지역적으로 풍납토성은 경기도 구천면 풍납리에 속하다가 강남구, 강동구를 거쳐 현재 송파구로 남아 있다.

초기 백제문화를 고스란히 간직한 송파구에 한성시대 유적들이 여럿 있지만, 그 가운데 풍납토성과 몽촌토성이 대표적이다. 풍납토성은 여러 종류의 흙을 정사각형의 판에 넣고 단단하게 다지면서 하나씩 쌓아 올리는 판축기법으로 만들어졌다. 원래는 둘레 4km 규모 토성인데, 수해와 여러 가지 이유로 지금은 약 2.7km 정도이다. 역사적으로 풍납토성 일대는 한강 변에 있어 수해를 자주 입었지만, 한강을 통한 수운에 매우 유리한 지역이기도 했다.

문화재와 함께 살아가는 삶

 1970년대 잠실지구가 개발되면서 1977년 잠실1-5단지가 들어섰다. 이후 초고층 아파트들이 속속 들어서면서 잠실도 많은 변화를 겪었다. 123층 롯데월드타워는 무수한 논란 속에 2017년 완공되었다. 불과 40여 년 사이에 송파는 초고층 건물 숲을 이루었다. 이러한 변화 속에 조용하게 삶의 모습을 지켜오고 있는 동네가 바로 풍납동이다.

 그 이유는 바로 풍납토성에 있다. 문화재는 문화적 가치가 있는 사물, 즉 보존할 만한 가치가 있는 민족의 문화유산을 말한다. 풍납토성은 2000여 년의 역사를 지닌 한성 초기 백제문화를 간직한 문화재임에 틀림이 없다. 그러나, 문화재가 풍납토성 성벽만 지정되면서 1990년대 후반과 2000년대 사이, 재건축 과정에서 아파트가 들어서게 되었다. 현재는 풍납토성 복원을 위하여 권역을 나누어 부분적 이주가 진행 중이다.

 문화재 보호와 관리에서 '원형유지'를 강조함에 따라, 문화재를 활용할 대상으로 보기보다 원형대로 보존해야 할 대상이라는 관념이 강하기 때문에 현대 생활권에 대한 보상과 철거를 통해 과거의 문화재를 복원하는 것을 우선시했다. 하지만, 「문화재보호법」에는 1962년 제정 당시부터 '활용'이 명시되어 있다. 이는 문화재를 보호 대상, 또는 과거의 자취를 담은 단순한 '잔존물'로만 생각한 것이 아니라, 활용 가치를 가진 생산적 산물로도 인식하고 있었음을 말해준다. 다만 이 시기의 문화재 활용은 관람이나 향유 등 제한적이고 소극적인 것이었지만 앞으로는 정주민의 행복과 거주환경에 대해서 함께 고민해야 할 필요성이 있다.

2021년 송파구 마을공동체 추가통합공모사업 모집 공고

송파구는 빠르게 변화하는 마을의 역사와 일상을 발굴하고 기록하여 지속가능한 마을공동체의 문화를 조성하고자 『2021년 송파구 마을공동체 공모사업』을 다음과 같이 공모하오니, 주민 여러분의 많은 관심과 참여 바랍니다.

2021년 8월 26일
송파구마을자치센터장

□ 공모 분야

사업명		사 업 내 용 (예시)
지 정	마을 기록	마을 기록 교육, 마을기록 사진전, 마을기록을 위한 준비과정 마을기록을 위한 주민조직, 마을자원조사, 연구모임 등

송파구 마을공동체 추가사업 가운데 마을의 역사와 일상을 발굴하여 기록하는 공모가 있었다. 추가모집에 사업 기간도 3개월로 짧았지만, 풍납토성과 함께 살아가는 사람들의 이야기를 기록하고 싶었다.

옛기록을 찾아가다

풍납리토성

삼전도비로부터 강안에 연접한 밭 가운데의 길 없는 길을 따라 내려
가기를 3km, 강안을 향하여 요자형의 제방 모양을 한 풍납리의 토성에
이른다. 대정 14년의 홍수로 인해 3곳 정도 무너져 있지만, 그 밖은 여
름 풀로 덮여 간신히 옛적의 모습을 간직하고 있다. 삼전도비에서 토성
으로 가는 도중, 한 동네 부근부터 한강으로 흐르는 작은 시냇길을 막
고 있으므로, 참을성 있게 그 작은 시냇가를 따라 동쪽으로 올라가면
작은 다리가 나오므로, 거기서부터 본도로 나아가 갈림길 왼편으로 가면
토성에 이르게 된다.

〈풍납리〉　　　　　　　〈경성 궤도〉

1937년 경성전기주식회사에서 전차와 수도권 철도 노선과 같은 교
통편을 이용해 하이킹할 수 있는 『京電ハイキングコ-ス』을 제작하였
는데, 3집에 풍납리 토성이 소개되었다. 이 책에는 동대문에서 뚝섬,
광장동까지 이어진 경성 궤도를 타거나 도보로 동대문에서 출발하여
풍납리 토성과 송파진, 광진, 석촌 일대를 도는 코스가 남아있다.

현재, 마을을 걸으면서 기록하다

백제 시대부터 2000여 년을 지켜온 풍납토성은 문화유산으로서의 가치가 충분하다. 그렇다면 현재, 주민들의 삶에서 풍납토성은 어떤 의미일까? 풍납동에 사는 사람들은 풍납토성에서 친구를 만나고, 가족과 반려견과 산책을 하거나 혼자 걸으면서 운동을 한다. 출근하기 위해서 풍납토성을 지나서 지하철역으로 버스정류장으로 가기도 한다. 누군가에게는 보존하고 지켜야 할 문화재로, 그 누군가에게는 일터로, 또 누군가에게는 쉼터이다. 풍납토성과 함께해 온 주민들의 이야기를 세대별로 0대부터 80대까지 들어보았다.

Q 혹시 풍납동에는 몇 년 정도 사셨어요?

A 아...가만 있자. 계산을 해야 겠네. 저기- 한 삼십 년 넘을 거 같은데

Q 아. 정말요? 30년 넘게 풍납동에 사시는 동안 풍납동에서 봐 오신 변화 중에 가장 큰 변화는 무엇이 있을까요? 옛날에 토성은 어땠어요?

A 없었지. 옛날에 토성은 우리가 무심고 배추 심고 머 심어 먹고 그랬어. 올라 댕기면서. 그런데 그 뒤로는 막어지고 유명해지고 마 그러지. 옛날에는 토성이 그러지 않았지.

(91세 이정순 인터뷰)

91세 이정순의 인터뷰에 따르면, 토성에서 무, 배추 같은 것들을 심어서 먹었고, 이후에 풍납토성이 유명해지면서 경작 활동을 하지 못했다는 것을 이야기하고 있다.

Q 풍납동에 몇 년 정도 사셨어요?

A 사십 몇 년. 76년에 저 충청도에서 일루 이사 왔거든.

Q 76년도요?

A 76년도.

Q 오래사셨네요. 예전에는 집이 없었어요?

A 다 밭이었어. 풍납초등학교는 배밭이었고.

Q 그러면 풍납동에 처음 오셨을 때, 초가집 같은 것도 있었어요?

A 초가집은 아니고, 이런 기와집인데 이쪽만 있고, 기와집이 이쪽에만 있고
저짝은 벌판, 다 벌판, 올림픽공원도 벌판이었고

Q 그럼 언제 이렇게 된 거예요?

A 그러니깐, 그런 걸 기억을 안 해놔서 모르지. 오래됐지. 아산병원 생기며, 이거
올림픽공원 생기고 그런 바람에 여가 좋아졌는데. 지금은 나라에서 이 집을 다
팔아서 지금 빈 집이 엄청 많아. 앞으로 어떻게 되어갈지 몰라.

(87세 홍혜숙, 85세 최정순 인터뷰)

〈1976년 풍납토성 복원〉

〈1996년 풍납동〉

어르신들의 이야기 속에서 풍납동의 과거와 현재를 알 수 있다. 1976년 복원 사진과 인터뷰 내용을 비교해 보면, 풍납토성 앞에 기와 집들이 늘어져 있었다는 것을 알 수 있다. 이후 아산병원, 올림픽공원, 올림픽대교 등이 생기는 크고 작은 변화들로 풍납토성은 훼손되었고, 다시 조성사업을 통하여 현재의 모습에 이르렀다.

Q 혹시 풍납동이 마음의 위안이나 편안함을 주는 것이 있었나요?

A 마음의 위안이나 편안함. 그래도 여기 토성 산책로가 있어서 조금
 답답하고 하면 여기 의자도 있고 하니까 그냥 와서 있기도 하고
 산책하면서 많이 릴렉스 했던 것 같아요. 그랬던 것 같아요.

(31세 황은혜 인터뷰)

Q 풍납동이 앞으로 어떻게 변화했으면 좋겠고, 앞으로 풍납동에 어떤
 시설이 생겼으면 좋겠는지 말씀해 주세요.

A 어 이곳에도 그냥 젊은 사람들이 많이 와서 먹을 수 있는 맛집
 같은 곳도 생겼으면 좋겠고, 그리고 특히 아이들이 조금 더 생활하
 기 좋은 건물들이 많이 생겼으면 좋겠습니다. 뭐 지역아동센터나
 아니면 어린이집이 많이 생겼으면 좋겠고요. 그리고 아이들이 놀
 수 있는 놀이터가 그런 곳들이 많이 생겼으면 좋겠습니다.

(26세 이창복 인터뷰)

Q 풍납동에 살며 보았던 변화 중 가장 좋았던 변화와 안 좋았던
 변화를 말씀해 주세요.

A 제일 좋았던 변화는 이제 저희집 앞에 공원이 생긴 거고,
 안 좋았던 변화는 이제 공사를 너무 많이 하니까 공사를 너무
 많이 해서 전에 있었던 시설들이 없어져 가지고 그게 좀 안 좋았던
 것 같습니다.

(13세 박태선 인터뷰)

　　풍납토성만 문화재로 지정되어, 자연스럽게 풍납토성 안에 주민들이
거주하게 되었다. 주민들은 풍납토성에 파, 호박 등을 심으며 경작 활
동을 하였다. 하지만, 현재는 풍납토성 위로 올라갈 수 없으며 지정된
산책로만 이용할 수 있게 되었다. 백제 시대부터 이어져 온 풍납토성

의 가치와 주민들의 삶이 공존하는 현재적 의미를 다시 생각해 볼 필요가 있다. 문화재로서의 보존과 더불어 지역주민과의 삶 속에서의 공존과 조화가 필요하기 때문이다.

2년 동안 이어지고 있는 코로나19 펜데믹 상황에서 풍납동 주민들은 마스크를 쓰고, 풍납토성으로 나왔다. 유모차를 끌고 나오기도 하고, 어린이의 손을 잡고, 혹은 반려견과 혹은 혼자서 풍납토성을 거닐었다.

마을을 기록하는 동안, 0대부터 80대까지 다양한 세대들은 한결같이 입을 모아 말하였다.

"풍납동은 참 살기 좋아!"

우리의 삶 속에서 풍납토성은 참 좋은 공간으로 자리하고 있다. 풍납동에는 여러 가지 문제가 많이 있지만, 풍납토성의 역사·문화적 가치를 잘 보존하면서 주민들의 삶도 평안하길 기원한다.

〈풍납동을 이야기하다〉 표지

〈2021년 풍납토성〉

콘텐츠를 제작하며 활용한 모든 자료의 출처 및 참고문헌

김경희, 「세대 교류를 위한 공간 제안과 프로그램 만들기」,
　　　『구비문학연구』50, 한국구비문학회, 2018.

류호철, 「문화재 활용의 개념 확장과 활용 유형 분류체계 구축」,
　　　『문화재』47, 국립문화재연구소, 2014.

이도학, 「풍납리토성」, 『동아시아고대학』48, 동아시아고대학회, 2017.

이난경, 「역사문화환경으로서 풍납토성 일대 변화과정의
　　　도시형태학적 해석」, 서울시립대학교 박사학위논문, 2018.

佐脇精, 『京電ハイキングコース 』第3輯, 京城: 京城電氣, 1937.

문화재청 국가문화유산포털
https://www.heritage.go.kr

서울사진아카이브
http://photoarchives.seoul.go.kr

송파구청 홈페이지
https://www.songpa.go.kr

풍납동 이야기관 자료실

저자 소개

교학상장(教學相長),
가르치고 배우면서 함께 성장하고 싶어요!

1974.06.15
한국어문학과
trijing@gachon.ac.kr

학기마다 학생들과 만나면서 이번 학기에는 어떤 수업을 할까 고민합니다. 조금이라도 지금 학생들의 자리에서 도움이 될 만한 것이 무엇일까 함께 나눌 수 있는 것이 무엇일까 생각합니다.

코로나19 펜데믹으로 온라인 수업이 벌써 네 네 학기가 지났습니다. 매일 뉴스를 들으면서 이번 주는 수업을 어떻게 해야 할까 갈팡질팡하였습니다. 이런 가운데, 마스크를 쓰고 우리가 할 수 있는 일을 찾았습니다. 마을을 탐색하는 과정을 통하여 의미 있는 발견을 할 수 있어서 행복했습니다.

2022년 새 학기 수업도 잘 진행되겠지요?

에필로그

여정의 끝

연재동

지난해 8월부터 시작된 마을 콘텐츠 만들기 프로젝트가 막을 내렸습니다. 여름부터 가을, 그리고 함박눈이 펑펑 내린 겨울까지 대한민국 방방곡곡에 있는 여러 마을을 수집하고 그곳에 전해지는 다양한 옛이야기를 활용, 재가공하여 탄생시킨 찬연한 결과물들은 죽어가던 옛이야기와 마을 공동체의 가치를 되살릴 수 있었던 상당히 의미 있는 씨앗이 되었습니다. 코로나19로 전 세계가 혼란스러운 와중에도 양질의 내용으로 가득 채워준 '2021 고전과 문화콘텐츠' 수업 학우분들과 편집위원, 김경희 교수님께 감사를 표합니다.

차곡차곡 쌓인 '모두의 마을' 이야기와 결과물들이 한국문학과 한국문화의 가치관을 전달하는 매개체가 되고 우리 민족, 대한민국이라는 문화집단을 이해하는 데 도움이 되는 자료로 십분 활용되길 소망합니다. 값진 결과물에서 끝나는 것이 아니라 고전을 어떻게 재창조할지 고민하는 사람들, 마을 특색 사업과 마을 살리기에 관심이 있는 사람들에게 널리 회자 되길 바랍니다.

지역의 전설과 민담 등을 파헤치며 한 가지 느낀 것이 있다면 '고전의 귀환은 멈추지 않는다.'는 것이었습니다. 꼭 명작으로 꼽히는 고전이 아니더라도 구비로만 전승되고 기록으로는 명확하게 남아 있지 않다고 할지라도 어떻게 새로운 형태로 탈바꿈할 것인지만 잘 고안해 낸다면 후대까지 한국의 다양한 옛이야기들이 남아 있으리라 생각했습니다.

다이아몬드의 원석은 반짝거리지 않지만 세공하는 가공사의 손을 거치며 반짝거리게 되고 가치가 배로 뛰게 된다고 합니다. 지금은 빛을 잃어 바래 버린 이야기들이 많은 가공사를 만나 다시금 다이아몬드처럼 새롭게 태어났으면 좋겠습니다.

이지우

저는 인문대학 한국어문학과 학생입니다.

누군가에게 이를 밝히면 가장 많이 듣는 말은 "나중에 작가 되겠네.", "출판사 들어가겠네." 등 이었습니다. 그런 질문을 웃어넘기면서, 내가 글을 쓰고 책으로 만들어 출판하는 일을 할 수 있을까 생각한 적이 많았습니다. 한 번쯤은 해보고 싶었지만 스스로 미숙한 실력을 알고 있기에 결국 못 할 것으로 생각했습니다. 그러나 '고전과 문화콘텐츠' 강의에서 도전할 기회를 얻었습니다. 그리고 운 좋게 책을 편집하고 출판하는 과정에 참여할 수 있었습니다. 이러한 경험을 얻을 수 있었던 것에 대해, 프로젝트를 추진해주신 교수님께 감사 인사를 먼저 드리고 싶습니다.

15주의 강의 기간 중 가장 비중 있게 진행된 프로젝트는 콘텐츠 제작이었습니다. 이에 마을을 소개하는 콘텐츠를 제작하면서 이곳저곳 돌아다니며 가장 크게 느꼈던 것이 있는데, 바로 '우리 마을은 재밌는 마을'이라는 생각입니다. 아침 일찍 등산도 해보고, 지역 박물관도 가보고, 공원에서 자전거 타며 바람을 맞았던 순간은 짧았지만, 잊지 못할 추억이 되었습니다. 가족 그리고 친구와 함께하고 싶은 이 추억은 영상을 제작하고, 책에 들어갈 글을 쓰는 데에 있어 더 잘하고자 하는 원동력이 되었습니다.

책 출판에서 맡은 역할은 수강생이 글을 쓰기 전부터 본격적으로 시작되었습니다. 많은 인원의 글을 엮어야 하기에 일찍이 글의 양식을 마련하였습니다. 그리고 종강과 동시에 완성된 글들을 통일하고 수정했습니다. 시중에 판매되는 책의 디자인도 여럿 참고하면서 나름대로 윤곽을 잡아나갔습니다. 초반에는 막막함을 제일 크게 느꼈습니다. 어떻게 다듬어야 할지도 모르겠고, 실제 책과 비교해봤을 때 턱없이 부족해 보였습니다. 그러나 표지도 멋지게 제작하고 본문도 열심히 꾸며보니 책의 모습이 갖추어졌습니다. 뿌듯한 마음과 함께 교수님 그리고 우리 편집팀 모두와 열심히 달려보니 어느새 '완성'이라는 목적지에 도착해 있었습니다. 좋은 경험 만들어준 모두에게 감사드리고, 지금 이 책을 읽고 계신 여러분에게도 감사드립니다.

주바다

처음 마을 콘텐츠를 만들어야 한다고 했을 때 가장 먼저 든 생각은 '수강 포기할까?'였습니다. 내가 아는 나의 마을은 자연이 아름다운 곳, 닭갈비가 맛있는 곳, 대중교통 배차 간격이 매우 넓은 곳이라는 것 뿐. 이 외에는 마을에 대해 알고 있는 정보가 거의 없었습니다. 당연히 마을과 관련된 오래된 전설이나 장소, 전통을 알지 못했고 찾아봤던 기억도 없었습니다. 내가 아는 나의 마을은 그저 작고 좁은 촌 동네에 불과했습니다.

다행히도 포기하지 않고 마을 콘텐츠를 제작하게 되었습니다. 마을 콘텐츠 제작을 위해 마을의 전설, 유명한 장소, 전통 등을 찾아보면서 작고 좁은 건 마을이 아니라 내 시야였음을 깨달았습니다. 이미 오래 전부터 마을의 전설을 엮어 만든 모음집이 존재했고, 역사를 그대로 간직하고 있는 장소가 있었으며, 마을의 가치를 발견하고 발전하게 돕는 마을 공동체와 마을을 지키기 위해 노력하는 사람들이 있다는 걸 새롭게 배우게 되었습니다. 배운 걸 바탕으로 마을 콘텐츠를 제작해 보면서 작고 좁았던 나의 마을은 고유의 이야기가 있는 크고 넓은 우리의 마을이 되었습니다.

이후 좋은 기회로 〈모두의 마을〉 편집위원으로까지 참여하게 되었습니다. 학우들이 직접 작성한 마을 소개와 직접 제작한 마을 콘텐츠를 보며 전국 각지에서 모인 우리 마을의 모습을 볼 수 있었습니다. 이미 알고 있는 익숙한 마을도 있었고 가본 적 없는 낯선 마을도 존재했습니다. 하지만 모든 글을 엮어 하나로 만들 때쯤 나는 익숙함과 관계없이 각자의 마을을 모두 둘러볼 수 있게 되었습니다. 다양한 지역의 마을을 직접 가보지 않아도 느끼고 이해할 수 있었으며, 그 마을의 콘텐츠를 즐길 수 있었습니다. 나의 마을, 우리의 마을을 넘어서 모두의 마을이 되는 경험이 가능했기 때문입니다. 이는 단순한 마을의 개념을 넘어 하나의 문화를 이해하는 토대가 되었으리라 생각합니다.

우리 마을의 이야기가 궁금한 사람, 마을 콘텐츠를 제작하는 데 있어 도움이 필요한 사람, 고전과 문화콘텐츠에 관심이 있는 사람, 그냥 새로운 책을 읽고 싶은 사람 모두에게 〈모두의 마을〉을 추천하고 싶습니다. 〈모두의 마을〉이 더 큰 모두의 마을을 만드는 데 도움이 되길 바랍니다.

마지막으로 한 학기 동안 마을의 이야기를 만들고 전해준 고전과 문화콘텐츠 수강생분들과 김경희 교수님께 감사를 전합니다.

┌─────────────────────────┐
│ 지준혁 │
└─────────────────────────┘

세상은 한 치 앞을 모른 채 급속도로 변하고 우리는 그러한 변화에 발맞추기 위해 안간힘을 쓰고 있습니다. 저 역시 도태되는 것을 두렵게 여기며 당장 눈앞에 보이는 빠르고 방대한 양의 텍스트들을 소비하기에 바빴고, 학창 시절부터 그것들을 생산하고 분류하는 반열에 오르고자 헤엄쳐 왔습니다.

그러나 무엇보다 중요한 것은 당장 존재하는 이야기와 그것들을 풀어나가는 방식을 모방하는 일이 아니라, 지금의 무수한 텍스트들을 존재할 수 있게 한 원형을 제대로 아는 일이었습니다. 특히 그 원형을 탄생시킨 언어, 문화, 그리고 지역에 대한 명확한 이해가 선행되어야만 했습니다. 너무나 지당하여 되려 진부하게 느껴질 법도 한 사실이지만 그동안 세상이 바라는 속도에 짓눌려 망각했던 것을 이번 〈고전과 문화콘텐츠〉 수업을 통해 다시금 인지하게 되었습니다.

배낭여행을 떠나듯 제가 존재하는 공간과 그 속에 담긴 이야기들을 직접 발로 걸으며 보고, 읽고, 기록하며 느꼈고, 21세기의 스타일로 재생시키기 위해 계속해서 고민하고 또한 소통했습니다. 그리고 마침내 그 여정을 담은 책이 탄생하게 되었습니다.

이를 통해 아직도 인문학이 우리 곁에 생생하게 숨 쉬고 있음을, 또한 여전히 많은 사람들이 우리의 원형을 진심으로 사랑하고 있음을 온

몸으로 느꼈습니다. 이는 다소 불투명해 보였던 제 미래를 설계하는 작업에 작은 불빛이 되어주기도 했습니다. 그동안 얼마나 천편일률적인 생산물들에 집착해 왔는지 반성하게 되었습니다. 가장 독특하면서도 동시에 보편적으로 우리의 이야기를 담아온 한국문학이 오늘의 기록으로 구전되는 작업에 다양한 방식으로 계속해서 참여하고 싶다는 생각이 들었습니다.

책 편집에서는 주로 디자인 작업에 참여했습니다. 멋진 아이디어들을 도화지 위에 쏟아내는 과정에 함께해 준 편집위원들과 함께 수업을 수강한 학우분들께 진심으로 감사드리고, 이러한 도화지를 펼쳐주신 교수님께 또한 감사드립니다. 앞으로도 많이 배우고 깨달음을 얻을 수 있는 이러한 프로젝트에 또 참여할 수 있기를 간절히 소망합니다.